MW01687571

Secretos de los vencedores

Las Armaduras de un Vencedor de Gigantes

Dío Astacio

Las 7 armaduras de un vencedor de gigantes

por Dío Astacio

Email: dioastacio@yahoo.com
Teléfonos: 809-616-0976 / 806-616-1208
829-638-6400 / 809-470-6400

Dirección editorial: Evelyn García de Astacio
Correción estilo: Evelyn García de Astacio / Tomás Gómez Bueno

ISBN: 978-1-937094-40-9

Publicado por
Editorial RENUEVO
www.EditorialRenuevo.com
info@EditorialRenuevo.com

A todos aquellos
que desean
vencer
gigantes.

Contenido

Reconocimientos

A aquel que me ha dado la capacidad de escribir este libro: Jesucristo, por quien subsisten todas las cosas. Todo ha sido creado por medio de él y para él.

A Evelyn, Melody, Daniela y Camila, mi principal inspiración en la vida. Tengo el deseo de que sepan con toda seguridad, de que siempre hay oportunidad para vencer a los gigantes. Ustedes me hacen entender cuál es mi primordial prioridad en este mundo.

A mis padres Milka y Darío Astacio, y a mi hermana Haydée, quienes me han enseñado por tantos años el valor del trabajo tesonero y de la perseverancia. A mis hermanas Dilcia y Diomaris, junto a sus esposos Daniel Javier y Félix (respectivamente) he podido ver todos los gigantes que al igual que yo, han venido matando desde que salimos de Sabana de la Mar y El Valle. A mi hermano Franklyn, quien todavía sigue enfrentando a muchos gigantes en la vida, quiero agradecer el amor y la admiración que siempre me ha profesado. A mi hermano Edward Kadil quien no está ya en medio nuestro, agradezco por lo que me enseñó durante su tiempo de vida; cuando pienso en joven valeroso y con capacidad de influencia, ese era Edward.

A mi suegra doña María Ortega, quien nos ha demostrado a todos que siempre hay que alabar a Dios bajo cualquier circunstancia.

A mi equipo compañero de la iglesia Encuentro, Alianza Cristiana y Misionera, en especial a Rossy Cruz, José Reyes y Gerson Rojas. Gerson ha sido un considerable apoyo en todo lo que he emprendido en estos últimos dos años. Cada conferencia, cada idea, ha sido tomada por él como si fuera su propio proyecto junto a su esposa Laura y sus hijas Sarah y Alisha. Ha sido el pastor que la congregación ha requerido cuando me ausento de ella por estos menesteres. A Gilmer Martínez que contribuye a que mis tweets sean leídos.

A todos los miembros de la iglesia Encuentro y de la Alianza Cristiana y Misionera. Mucho he aprendido de cada uno de ellos. Todo lo que me confían como pastor en las oficinas de la iglesia, me ha hecho ver que gigantes hay por doquier. Agradezco toda su confianza y paciencia, así como los conocimientos que recibo de cada uno de ustedes. Ustedes me hacen mantener claro cuál es mi propósito.

A Tomás Gómez Bueno, periodista y profesor de la UNEV. Gracias por haber sido paciente en la primera etapa de corrección de este material.

A todas aquellas personas que asisten a mis conferencias y que me escriben por email contándome historias, pidiendo consejos, abriendo sus vidas y retroalimentando la edificación que han recibido de cada una de mis intervenciones. Valoro mucho su distinción y su confianza hacia mi persona. En realidad este libro es una recopilación de las preguntas más frecuentes que me hacen ustedes.

Theo y Maribel Galán, empresarios diamantes ejecutivos de Amway Global, fueron el puente que Dios usó para darme a conocer a tantas personas especiales. Ellos me llevaron hasta donde Juan y Alicia Ruelas, quienes me invitaron a ser parte de su convención en Reno, Nevada y donde Dios me amplió la visión de escribir este libro. Realmente ustedes cuatro son un punto de partida en este logro que comparto con muchos.

Este libro no pudo haber sido escrito sin la ayuda y el respaldo de muchas personas. Pero en especial, aunque ya la mencioné al inicio de los reconocimientos, quiero agradecer nuevamente a mi esposa Evelyn García de Astacio, porque venció al gigante del cansancio y de la imperfección. Muchas horas de trabajo fueron invertidas por ella para que esta obra fuera posible. De hecho, podría llamarla coautora del libro, pues con su arte de escribir, le dio forma al concepto hasta culminar con el mismo. Realmente era una gran editora. Y no puedo dejar pasa la labor de mi hija Melody, ayudando a su madre leyendo cada borrador que imprimía.

También quiero agradecer el trabajo de Edgar Winter, mi diseñador gráfico y todo su equipo. Realmente él sabe captar el concepto que le transmito. Su creatividad es asombrosa. Espero que lea este libro completito.

A Editorial Renuevo en la persona de Borden Newman, CEO ejecutivo y todo el personal de Equipovisión en Fresno, Estados Unidos, por confiar y darle valor a lo que escribo. Gracias de todo corazón.

Introducción

En octubre del 2011 fui invitado a la ciudad de Reno en Nevada por un equipo de negocios llamado Equipovisión que dirigen los empresarios mexicanos Juan y Alicia Ruelas, para ministrar en un servicio e impartir una conferencia de negocios. Honestamente pensé que era un grupo de no más de 3,000 personas, pero grande fue mi impresión cuando por primera vez me vi parado frente a una gran multitud de espectadores; era algo magistral. Como conferencista, pastor y speaker motivacional, ya en mi país había estado en lugares bastante concurridos, inclusive en otros países de América Latina, pero nunca lo había experimentado a tal escala en otro territorio.

En ese momento, sentí que realmente había matado a un gigante. Me dije a mi mismo: «¡Hey Dío! Obsérvate aquí parado frente a esta multitud, un sencillo pastor de una iglesia en Santo Domingo, que aunque ha escrito ya varios libros, nunca imaginó llegar tan lejos. ¡A Dios sea la gloria!»

Vengo de la ciudad de Sabana de la Mar, un pueblo bastante pequeño y que aunque es una preciosa zona costera de República Dominicana, realmente las oportunidades de crecimiento son pocas, hasta ahora. Aunque mis padres se desempeñaron como maestros del pueblo y de un pueblo contiguo llamado El Valle (donde realmente pasé mis años de la niñez), muchas dificultades se presentaban.

Estudié en la escuela primaria y luego emigramos a la capital en busca de nuevas oportunidades. Mi madre era y es una mujer muy visionaria y tanto ella como mi papá, decidieron dejar salir del pueblo para encaminar a sus hijos por nuevos horizontes de educación y de progreso.

Cuando me vi parado allí, en aquel lugar, frente a todo ese grupo de personas, todo ese recuerdo llegó a mi mente de una manera instantánea, y comencé en mis adentros a glorificar a Dios por lo que había hecho conmigo. Un simple joven de un pequeño pueblito se encontraba parado frente a una multitud de personas impartiendo conocimientos (los que Dios me ha enseñado) y fue cuando comparé mi vida con aquel pequeño pastor de ovejas, a quien Dios había otorgado las fuerzas para derribar y matar al gigante Goliat. También, al terminar la conferencia una gran nube de personas se acercaba a mí de alguna forma para pedirme un consejo, una orientación acerca de todo lo que había expuesto. Otros iban más allá, me hablaban de sus hijos, de sus matrimonios, de su poco empuje en el negocio que estaban realizando, de su fe, en fin, esa gran necesidad de saber de las personas, me hizo comprender la necesidad que hay de encontrar la ruta para enfrentar a tantos gigantes que hay alrededor de la vida.

De regreso a mi casa, en el avión, tomé mi libreta y empecé a escribir lo que a través de esta publicación llega a tus manos. Empecé luego a escudriñar cada parte de la historia de David en los libros de 1er y 2do Samuel a una profundidad como nunca antes lo había hecho, a pesar de todos mis años en el ministerio. Ese borrador lo entregué a mi esposa Evelyn, quien le dio forma a todo lo que escribí e inclusive hizo algunos aportes.

En realidad, la vida de David es una historia bastante conocida aun por aquellos que no tienen ninguna inclinación al cristianismo y mucho se ha hablado del hombre que venció al gigante y es repetitiva la frase: vence a tus gigantes, vence tus miedos. Pero al comparar mi trayectoria con lo que hizo David, entendí que no basta con el deseo de querer salir adelante, no basta con tener un sueño, no basta con tener el intelecto, no basta con ser talentoso o apuesto como el rey Saúl; hay armaduras que son necesarias colocarlas en y alrededor de nosotros para poder lograr aquello que nos hemos trazado en la vida.

Hay una gran cantidad de personas sobre la faz de la tierra que pasan por ella quedando totalmente anónimas. La razón fundamental de esto es que nunca vencen a un gigante. Como dije anteriormente, cualquiera puede ser inteligente o tener talento, pero he visto muchos hombres con suficiente brillo intelectual morir en condiciones deprimentes y a otros quedarse en la mediocridad. Cualquiera puede hablar bonito, también conozco excelentes oradores que se encuentran en condiciones muy precarias; es como si su vida estuviera dando vueltas y vueltas sin encontrar por dónde salir.

Cuando matamos a un gigante nos convertimos en un centro de referencia. Una persona que mata a un gigante se convierte de inmediato en el centro de atracción; ya no importa su inteligencia y en muchos casos ni siquiera su sistema de valores. Todo aquel que vence a un gigante se convierte en un ícono, sea para bien o para mal.

David era un perfecto desconocido, un candidato al anonimato y al olvido; sin embargo, un día le tocó la oportunidad de vencer a un gigante y no la desperdició, por el contrario, la buscó incesantemente hasta alcanzar la línea de combate que lo puso de frente a este, y con un milagro y mucha fe, pudo vencerlo.

Al aplicar la ley de la profundidad sobre estos pasajes de la Biblia en el libro de 1er Samuel, he identificado siete armaduras de un vencedor de gigantes. Hay una comparación entre algunas armaduras que le entregaron y que no usó, y otras armaduras que sí prefirió utilizar y que le acompañaron en su enfrentamiento. En realidad, no es un libro muy absoluto y puede que algunas partes le parezca muy reiterativo, pero tengo la firmeza de que al utilizar estas armaduras en su vida personal y espiritual, en su negocio, con su familia, con sus hijos, en su trabajo, en sus estudios y en muchas otras aéreas de la vida, usted podrá dar los pasos puntuales para ir en pos del o los gigantes que tiene de frente, tal vez quitándole tiempo, tal vez gritándole que no es nada, tal vez atemorizándolo, tal vez confundiéndole, tal vez matando sus sueños.

Estoy plenamente convencido de que este escrito cambiará su existencia para siempre y le ayudará a ver la vida desde una perspectiva más desafiante y menos conformista. Así que, ¡adelante! Una gran historia le espera.

Capítulo 1

¿Qué es vencer a UN GIGANTE?

Capítulo 1

¿Qué es vencer a un gigante?

A lo largo de mi carrera profesional he conocido a muchas personas capaces, de hecho, son seres casi extraordinarios; sin embargo, estas personas nunca pasan de ser, seres humanos comunes y corrientes que no tienen ningún tipo de influencia sobre los demás. También he conocido a personas normales con un tipo de educación promedio, incluso, muchos de ellos no saben ni siquiera hablar adecuadamente, pero tienen detrás un grupo de seguidores, entre ellos profesionales destacados y mucho más preparados, lo cual permite que se les abran muchas puertas. ¿Por qué sucede esto? Bueno, la razón es que este segundo grupo de personas se ha atrevido a matar a gigantes.

Matar a un gigante es hacer algo que el noventa y siete por ciento de las personas no están dispuestas a hacer. La razón por la que no están dispuestas, es el alto nivel de riesgo, esfuerzo y dedicación que se requiere. Por ejemplo: subir el Monte Everest es sinónimo de vencer un gigante, pues la mayoría de nosotros sólo lo verá por fotografías, pero jamás nos enfrentaremos a los riesgos que envuelve escalar la cima del Himalaya.

Matar a un gigante es hacer algo que el noventa y siete por ciento de las personas no están dispuestas a hacer.

Tener un negocio propio y hacer que funcione correctamente es vencer a un gigante, pues la mayoría de las personas prefieren tener empleos lo cual no envuelve riesgos.

Establecer un record, calificar en un grado superior al que el promedio de las personas está acostumbrada, hacer algo en un tiempo que nadie ha logrado hacer, realizar una actividad que supere las expectativas y posibilidades a la vista de todos y salir airoso de ella, escribir un libro, crear o inventar algo que resuelva un problema a la humanidad, dejar un legado para las futuras generaciones, son formas de matar y vencer a gigantes.

Si todos venciéramos a los gigantes que nos abofetean el mundo sería distinto, pero es más común que nos escondamos en las montañas mientras los problemas del mundo se burlan de nosotros. Por ejemplo: ¿Qué habría pasado si Luis Pasteur no descubriese la vacuna contra la rabia? ¿Qué habría pasado si Alexander Fleming no hubiese descubierto la Penicilina? Como podemos ver, el mundo ha avanzado gracias a los vencedores de gigantes.

Gigante es todo lo que desafía la vida y al hombre. Gigante es todo aquello que pone en riesgo a la familia o el futuro de ésta. La pobreza es un gigante, la ignorancia es otro gigante y el mayor de todos ellos es el miedo.

La Biblia relata una batalla librada entre los israelitas y los filisteos en el capítulo 17 del libro de 1er Samuel. A continuación, observaremos algunos elementos que se presentan en los distintos escenarios de ese enfrentamiento.

Un ejército atemorizado

La falta de fe trae temor a los seres humanos. Ese era el caso del ejército de Israel que se encontraba frente a una tropa igualmente fuerte; a pesar de tener fuerzas para ganar, le acompañaba un elemento de distracción llamado el temor. Los dos ejércitos posiblemente eran iguales en condiciones físicas, con un buen número de combatientes y contaban con sus respectivos líderes, pero la astucia de uno de los ejércitos trajo un elemento de distracción e introdujo a un hombre que atemorizaba a los soldados. Ellos no estaban obligados a aceptar estos términos, no era necesario hacer este tipo de batalla, pero no tuvieron tiempo suficiente para hacer este análisis. Simplemente se frisaron y se les bloqueó el pensamiento. Como no tenían un hombre como Goliat, los israelitas debían ir a la batalla con las condiciones iniciales, no tenían más remedio que aceptar esos inadecuados términos para su tropa, pero no lo hicieron, pues el temor que los había sobrecogido no les permitía utilizar su capacidad de crear alternativas.

«Y todos los varones de Israel que veían aquel hombre huían de su presencia, y tenían gran temor.» *(1 Samuel 17:24)* Cuando las personas tienen miedo no usan al máximo su potencial, sólo usan una parte de este, efecto que disminuye su capacidad de respuesta haciéndoles presa fácil ante cualquier ataque; por consiguiente, las decisiones para una persona con temor siempre se hacen más difíciles.

Un rey inseguro

Un ejército atemorizado es un ejército paralizado. El pertenecer a un grupo combatiente nos otorga una capacidad de acción, pero es increíble como esta acción se ve afectada por el líder, y si el líder está atemorizado, todo el ejército lo estará también.

El rey era inseguro. A pesar de ser fuerte, a pesar de ser el de mayor estatura, tenía miedo. «Oyendo Saúl y todo Israel estas palabras del filisteo, se turbaron y tuvieron gran miedo.» *(1 Samuel 17:11)*

El miedo disminuye las fuerzas del hombre que está al frente y de quienes le rodean. Si usted camina junto a alguien que lejos de animarle tiene miedo, es muy probable que usted termine igual. Aun no fuere así, si el líder dice que las cosas son de una forma, entonces los seguidores no tendrán muchas opciones para hacerlas de otra, y si a eso se suma la posibilidad de perder la vida o el empleo, entonces no hay mucho que hacer, pues a las personas no les gusta perder algo valioso, sobre todo si no hay una motivación.

Los premios motivan menos que el coraje.

Los premios motivan menos que el coraje. Saúl había ofrecido muchos premios a quien venciera al gigante, pero su inseguridad apagó toda fuente de motivación. Su falta de fe no inspiró a nadie; a pesar de ofrecer a su hija como botín para el que venciera a Goliat, nadie estuvo dispuesto a hacerlo. Eso nos lleva a la conclusión de que las personas aprecian más el valor que las recompensas.

Un pueblo esperanzado

Al otro lado de la montaña se encontraba el pueblo. Posiblemente no tenía idea de lo que estaba sucediendo en el frente de batalla. El pueblo tenía puestas sus esperanzas en ese ejército; le enviaba provisiones y se mantenía expectante a los resultados de sus soldados.

De un soldado que sale a la batalla, lo menos que esperan sus hijos es que esté acobardado en la sombra ante las palabras de un gigante despiadado e indigno que les grita constantemente que son unos cobardes. Seguramente los hijos de los soldados se sienten orgullosos de sus padres y esperan de ellos vigor y valentía. El solo hecho de que hayan elegido ir al campo de batalla los convierte de alguna manera en héroes valerosos.

Cuando realizo algún viaje para dictar una conferencia, mis hijas me despiden con besos y abrazos, me escriben tarjetas y cada una de ellas me desea lo mejor; sin embargo, a pesar del amor que me profesan, ellas también esperan ver los resultados. A mi regreso preguntan: "Papi ¿dónde están los regalos?" como una forma de pedirme resultados. Se supone que si me fue bien, ellas interpretan que debo traerles algo que lo demuestre.

Un joven valeroso

Un joven llegó al campamento para asistir a una cita con la vida. Llegó para recibir la promesa de Dios de que iba a ser rey, a pesar de que no se daba cuenta. Ese joven escuchó las palabras del gigante, produciéndose en su interior un rechazo, por lo que no las toleró. Se sintió avergonzado ante la burla del ejército contrario y no le importó que el hombre que ponía en afrenta a su ejército fuera un mercenario que medía aproximadamente 2,9 metros, una altura extraordinaria para los estándares normales. No se enfocó en el tamaño, sino en el poder de Dios. No le dio importancia a las palabras ni a las armas; tampoco a la vestimenta, la cual estaba cubierta con una malla de cobre de gran peso; mucho menos a la gran lanza que tenía en su mano, sino que aquel joven puso su enfoque en el Dios que le había llamado y protegido, el Dios que le había creado.

Imaginemos por un momento que aquel gigante era tuerto o ciego; quizás estaba muy obeso y no podía moverse con facilidad o era cojo y no podía correr, pero nadie se daba cuenta. Nadie se había percatado si Goliat tenía algún defecto o debilidad, porque las debilidades y defectos sólo se pueden conocer cuando se está en la lucha. Hasta tanto no llegue al corazón del monstruo, no podrá darse cuenta de cuán débil es.

Hasta tanto no llegue al corazón del monstruo, no podrá darse cuenta de cuán débil es.

El problema es que para descubrir las interioridades del monstruo habrá que arriesgarse. David lo arriesgó todo, pero venció al gigante. Si no hubiese tomado esa decisión, no habría salido del anonimato. Dios, viendo su coraje y su confianza en él, le exaltó a pesar de su pequeñez.

Para vencer al gigante David buscó cinco piedras. Quizás pudieron ser más, pero sólo recogió cinco. Puede ser que estas piedras tuvieran algún significado especial en la vida de David o simplemente las tomó al azar; no lo sabemos, pero lo que sí sabemos es que las piedras fueron las herramientas que utilizó para derribar al gigante. Sin ellas, le habría sido imposible realizar su hazaña.

Para derribar al gigante usted va a necesitar herramientas y esas serán sus armas. No es posible derribarlo con palabras, con miradas o con buenas intenciones. Para que este caiga tendrá usted que tener piedras duras y sólidas. Esas piedras pueden significar muchas cosas: hábitos, fortalezas y actitudes.

A continuación veamos siete armaduras que Dios me ha permitido discernir para vencer a gigantes.

Capítulo 2

Armadura 1
La MOTIVACIÓN

Capítulo 2

Armadura 1: La MOTIVACIÓN

Tengo la dicha de tener tres hijas. Sus caritas angelicales me hacen sentir el hombre más afortunado del mundo. Ellas siempre están dispuestas a dar lo máximo a mi favor; sin embargo, de vez en cuando les pido algo que representa un esfuerzo y la manera de lograr que estén dispuestas a hacerlo, es si al final les ofrezco una recompensa.

La motivación no puede estar ajena a ninguna de nuestras actuaciones. En el caso de David, antes de enfrentarse al gigante preguntó abiertamente qué había de recompensa para aquel que lo venciera. Esta no fue una pregunta que hizo al final de la jornada, sino que fue lo primero que procuró saber antes de mover un dedo: «Entonces habló David a los que estaban junto a él, diciendo: ¿Qué harán al hombre que venciere a este filisteo, y quitare el oprobio de Israel?» *(1 Samuel 17:26)*

¿Por qué haría David esta pregunta? Hay muchas interpretaciones que se tejen alrededor. Aquellos que tienden a verlo únicamente como algo espiritual podrían decir que David sólo lo hizo para glorificar a Dios con sus actos. Yo personalmente, pienso que había además, un factor humano en sus apetencias.

A David le ofrecieron la hija del rey. Este no era un premio pequeño, pues se trataba de ser el yerno de la máxima autoridad. Él tomó la palabra y actuó en consecuencia. Pienso que David, igualmente, habría luchado con Goliat aun si le hubiesen ofrecido un premio menor; no obstante, todo hombre inteligente sabe que detrás de un gran esfuerzo debe de haber una recompensa. Desde luego, no se supone que andemos matando a gigantes por amor al arte.

...detrás de un gran esfuerzo debe de haber una recompensa.

A pesar de haber cumplido con su parte, en el relato nos damos cuenta de que el rey le hizo una mala jugada y no correspondió a David con el premio inicialmente ofrecido; *(1 Samuel 18)* aunque de todas maneras, David terminó convirtiéndose en su yerno.

A través del relato de la Biblia se observa que David era un hombre inteligente que sabía defender sus derechos y aprovechar las oportunidades. Trabajar sólo por lo que podamos alcanzar no es sano, pero trabajar sin esperar nada es aun menos sano. Las personas que aspiran a vencer a gigantes deben hacerlo para trascender y lograr cosas que el común de la gente no logra. Asimismo, deben recibir beneficios que sean equivalentes a su esfuerzo.

Tener un motivo para actuar no es malo. Muchas personas quieren obviar el espíritu de lucha de los seres humanos y viven alejados de todo bien material; es como si volviéramos a la época del monacato. No somos monjes, somos seres humanos que pagamos cuentas, tenemos hijos en las escuelas, pagamos las hipotecas de nuestras casas, y aspirar a tener una vida superior no debe ser para nada malo, siempre que lo hagamos de la forma correcta. En el caso de David, nada tenía de malo que estuviera motivado; después de todo, era él quien se iba a jugar la vida enfrentando al gigante.

Estar motivado significa tener una razón que nos mueva

La motivación es imprescindible en todo lo que vamos a hacer. Realizar algo sin motivación no tiene mucho sentido. La motivación puede ser espiritual, personal, material, familiar, profesional o de cualquier índole, pero debe estar presente. David se motivó por dos razones: una positiva y otra negativa. La positiva era el premio que se le daría, la negativa fue el dolor que le causó ver a un hombre insultando a su pueblo e insultando a su Dios.

No sé cuál es la razón que le mueve todos los días. Lo cierto es que si usted mira a su alrededor, podrá ver cientos de motivos que deberían estimularle a vencer al gigante que tiene en frente. Dios nos pone alrededor muchos retos; estos retos deberían ser nuestra mayor motivación todos los días. Cada situación difícil a su alrededor constituye un desafío para su motivación.

La madre Teresa de Calcuta, por ejemplo, descubrió su vocación motivada por las necesidades de sus enfermos; Gandhi se motivó por la necesidad de su pueblo, y todos los hombres que han hecho aportes significativos a la humanidad se han motivado por situaciones que ven en su entorno.

Tener razones para hacer algo grande no le quita la nobleza de su hazaña. La razón por la que a David le ofrecieron un premio fue porque nadie estaba dispuesto a arriesgar su vida para derribar al gigante.

Estar motivado significa aceptar un compromiso

Cuando David aceptó lo que le ofrecieron por matar al gigante, de inmediato asumió un compromiso público. Ya no podía devolverse de lo que había aceptado. Muchas personas prefieren no recibir ciertas compensaciones por lo que hacen, porque eso les da la oportunidad de renunciar cuando se les antoje. Esta parecería ser una buena posición, pero no es posible vencer a un gigante desde la perspectiva de la duda y la inconsistencia. Usted, como vencedor de gigantes, no puede ser alguien que no reciba compensación; eso dice mucho de sus posibilidades de éxito.

A las personas que saben contratar empleados, no les gustan los que tienen posibilidades de rotar continuamente. Un empleado que no toma en cuenta el nivel de compromiso que está asumiendo es una persona que pierde el interés por el trabajo muy pronto y es proclive a renunciar con extrema facilidad.

Estar motivado significa tener la seguridad de que vamos a cumplir

Si usted sabe exigir, es porque sabe cumplir. Normalmente quien no sabe exigir tampoco le interesa cumplir. Aquel que tiene una motivación para terminar algo se le hará más fácil concluirlo, no así para el que no la tiene.

Si usted sabe exigir, es porque sabe cumplir.

Usualmente contrato a muchos empleados de la construcción para realizar trabajos en el templo. Es muy común que cuando le pago a un obrero por adelantado, le tome más tiempo terminar su trabajo; sin embargo, cuando reservo una parte para pagarles al término de su labor, concluyen con mucha rapidez, pues están muy interesados en la recompensa final. En una ocasión el presidente de la corporación Hyatt dijo, que toda persona está dispuesta a hacer un buen trabajo, todo depende de para quién trabaje; y pienso que tiene toda la razón.

En lo personal, me fascina motivar a mis colaboradores.

Veo la diferencia entre cuando están motivados y cuando no lo están, y esto no me falla. En tanto ofrezco una pizza, un almuerzo o cualquier otro incentivo, por sencillo que parezca, veo el cambio de actitud.

Estar motivado significa conocer el valor real de lo que hacemos

Si al asumir una tarea, usted no sabe lo que va obtener como recompensa por ella, significa que hay una de estas dos razones: usted aprecia mucho a la persona por la cual lo está haciendo o usted no tiene idea del costo que representa el trabajo que va a hacer.

Pasa muy a menudo que algunas personas asumen un compromiso, sobre todo los técnicos nuevos, y piden una muy baja suma por el trabajo que van a ejecutar, sin embargo, cuando se enfrentan a la tarea se dan cuenta de que lo que pidieron, estaba muy por debajo de lo que necesitaban para realizarlo.

No saber cuánto cuesta un trabajo es no estar preparado para hacerlo. Muchos negocios se pierden por esta razón. Algunos piden más de lo que cuesta y otros piden muchísimo menos. Cuando David se interesó por lo que le iban a dar, dio una señal de que sabía lo que iba a hacer. El premio era muy grande, pero el compromiso era aún mayor. Como conocía bien su capacidad, su destreza y su valentía, estaba seguro de que podía derribar al gigante. Su experiencia en las montañas como pastor de ovejas, así lo atestiguaba. Por eso le respondió a Saúl: «Tu siervo era pastor de las ovejas de su padre; y cuando venía un león, o un oso, y tomaba algún cordero de la manada, salía yo tras él, y lo hería, y lo libraba de su boca; y si se levantaba contra mí, yo le echaba mano de la quijada, y lo hería y lo mataba». *(1 Samuel 17:34-35)*

Si realmente usted se siente capaz de derribar a un gigante debe saber cuál es su valor. Como ejecutivo de corporaciones me tocó negociar paquetes de compensaciones con salarios de seis cifras. Siempre fue un momento de alta tensión, no obstante, puedo decir que obtuve importantes ingresos gracias a que tenía muy claro el precio de mi trabajo y nunca negocié por menos de lo que era mi valor para las empresas que me contrataban. Aprendí a negociar, sabiendo que mi aporte a la compañía, le representaba una buena fuente de ingresos. Si represento mucho, si de veras soy importante para la empresa, entonces he de esperar que me correspondan al mismo nivel. No exigir nuestra parte significa que nosotros mismos no le hemos otorgado el valor a lo que hacemos.

Si realmente usted se siente capaz de derribar un gigante debe saber cuál es su valor.

Estar motivado significa pedir lo que nos corresponde

Una persona que acepta un compromiso sin pedir nada a

cambio, no tiene idea de lo que va hacer. David no pidió nada, pero le ofrecieron ser el yerno del rey, cosa que no rechazó. No mostró muchos signos de humildad en ese momento, su posición era como decir: sí, me lo merezco, sino que salga el rey y enfrente a su gigante. Estaba seguro de merecer su recompensa y no fue vacilante con la oferta, simplemente entendió que era un premio justo y siguió adelante con su proyecto.

Muchas personas temen aceptar o exigir lo que les corresponde al hacer una tarea porque entienden que hacerlo es algo injusto o inmoral. Sin embargo, este hecho de David nos muestra que pedir lo que nos corresponde no nos resta en lo absoluto, por el contrario, nos hace meritorios y de carácter firme.

Capítulo 3

Armadura 2
La FE

Capítulo 3

Armadura 2: La FE

No se vive sin la fe. La fe es el conocimiento del significado de la vida humana. La fe es la fuerza de la vida. Si el hombre vive es porque cree en algo.

Leon Tolstoi (1828-1910)

«Es pues la fe la certeza de lo que se espera y la convicción de lo que no se ve.» (Hebreos 11:1)

Un jovencito que estaba sentado frente a un hormiguero observaba cómo las hormigas cargaban un grano de arroz, entre otros alimentos que pesaban mucho más que ellas. El chico preguntó a su padre, cómo podían las hormigas hacer esto. El padre, sorprendido, no atinaba a qué contestarle, pero quizás sin pensarlo y para salir tal vez del paso, le dio una respuesta muy acertada: «No lo sé, supongo que nunca se han detenido a pensar en eso y simplemente cargan». Esa es precisamente la gran dificultad de la fe: nosotros nos enfocamos más en cuán pesadas son nuestras cargas que en la capacidad que Dios nos ha dado para llevarlas.

Al iniciar el proyecto de viajar a la luna —para mí unos de los logros más trascendentales de la humanidad—, los miembros del Apolo 11 no tuvieron tiempo para pensar en sus limitaciones; ellos sólo se enfocaron en sus posibilidades. Esta actitud fue el centro de sus fuerzas y el impulso supremo que los llevó a la realización de tan grande proeza. La fe infunde valor, entusiasmo y coraje, y esa fue la primera herramienta que usó David. La Biblia dice que sin fe es imposible agradar a Dios, *(Hebreos 11:6)* por tanto, no podría estar Dios contento con nosotros en ninguna obra que hiciésemos si al momento de iniciarla sólo pensamos en nuestras capacidades y en nuestra autosatisfacción.

La fe es confiar en un Dios que ha creado el mundo, y si lo ha hecho, puede hacer también todas las demás cosas. Si creemos que Dios hizo todas las cosas, sería estúpido no creer que él puede hacer grandes cosas para nosotros. La fe nos ayuda a ver a Dios en su justa dimensión.

«Por la fe entendemos que el universo fue hecho por la palabra de Dios, de modo que lo que se ve no fue hecho de cosas visibles.» *(Hebreos 11:3 LBLA)* Si usted no puede aceptar esta declaración o duda de ella, entonces no puede agradar a Dios. Si las dudas lo atrapan, esas dudas no sólo serán respecto a Dios, sino que serán dudas respecto a usted mismo.

La razón principal es que usted sólo obrará dentro del rango de lo posible y de lo lógico. Para vencer a un gigante se necesita ir más allá de la lógica y de las posibilidades humanas. Si usted ha de ser un vencedor de gigantes, tendrá que aprender a reconocer el mundo de lo sobrenatural, de lo extraordinario y de aquello que carece de lógica.

EJEMPLO DE FE

Se dice que un famoso periódico estadounidense publicó una nota refiriéndose a la hazaña de los hermanos Wright. La nota decía que el hombre no estaba diseñado para volar y que era imposible que lo hiciera. Su afirmación era que todos los esfuerzos en dirección a la aviación eran una pérdida de tiempo y de recursos. A pesar de este pensamiento lógico y realista, rodeado por los cálculos humanos y de muy poca fe, Wilbur y Orville Wright lograron hacer que la aviación fuera una realidad, revolucionando así el mundo para siempre.

Para vencer a un gigante se necesita ir más allá de la lógica y de las posibilidades humanas.

La fe es lo que hace que los hombres desafíen las leyes de la naturaleza y vayan confiados tras un sueño que Dios ha puesto en sus mentes, y si Dios lo ha puesto, es porque él puede hacerlo posible. Si creemos que él existe y que hizo el mundo en seis días, habremos de creer que él puede hacer posible cualquier cosa natural o sobrenatural.

Con frecuencia debo abordar un avión, sin embargo, todavía no logro entender cómo es posible que el hombre haya llegado tan lejos en el tema de la aviación y la aeronáutica. El hombre no sólo puede volar, sino que ha podido incluso llegar hasta la luna y sigue rumbo a Marte. Piense por un momento en esto y en cuál fue el punto de partida. La aviación comenzó con lo desconocido, lo ilógico y lo imposible para llegar hasta donde estamos hoy. Ahora, imagine cuántas cosas estamos viendo actualmente como imposibles que en un futuro serán una realidad palpable. La diferencia es que sólo podrán ver e iniciar estas cosas los hombres que tienen fe.

Nada extraordinario se ha hecho sobre la tierra sin fe.

Sin fe es imposible agradar a Dios, porque la falta de fe subestima a Dios y disminuye al hombre. La falta de fe es resignación a lo visible. La falta de fe le dice a una madre que su hijo no puede nacer. La falta de fe le dice a una esposa que su compañero no podrá vivir. La falta de fe dice a sus niños que no irán a la universidad. La falta de fe le dice a un adicto que no puede curarse. La falta de fe llama al ser humano al conformismo, a la queja y a la desesperanza.

La primera herramienta de David no fue su fuerza, no fue su inteligencia ni su coraje. La primera herramienta que usó fue la fe en un Dios que había hecho cosas grandes en su vida y que estaba dispuesto a seguirlas haciendo. Nunca se vence un gigante por casualidad, se requiere mucha fe; fe para actuar con una firmeza intimidante. Es la convicción de los hombres de fe lo que ha movido al mundo. Nada extraordinario se ha hecho sobre la tierra sin fe. Todo lo grande que existe en el mundo ha venido del convencimiento de hombres a quienes Dios ha puesto en su corazón realizarlo, han creído que es posible y lo han hecho.

Vencer a un gigante es algo muy serio y desafiante. Todo conquistador que emprende un viaje de exploración nunca piensa en la imposibilidad, sino que cree en la posibilidad. Un ejemplo fehaciente de esto es la ascensión al monte Everest. ¿Sabía quien logró escalar por primera vez la cima del monte, lo que encontraría en el camino? Hasta ese momento y hasta hoy día es una hazaña impredecible, sin embargo, quien primero lo conquistó no fue el primero que lo intentó, lo que nos enseña que vencer un gigante implica correr riesgos.

Usted y yo podemos vencer a gigantes. No se necesita ser el más fuerte de los hombres, no necesita tener las mejores armaduras ni necesita tener el ejército más grande; recordemos que el ejército de Israel se quedó frisado frente a la presencia de Goliat.

Saúl era el hombre más alto de Israel y tenía las mejores

armaduras, pero no enfrentó al gigante. Un gigante, más que armadura, ejército y caballos, para ser vencido necesita hombres de fe.

¿Cuál es el gigante que le atormenta? ¿Cuál es el que le desafía todos los días? ¿Cuál es el que le llena de angustia y le repite una y otra vez lo insignificante que es? Mi respuesta a esto es que ponga sus ojos en Jesús. La Biblia dice: «Puestos los ojos en Jesús, el autor y consumador de la fe, quien por el gozo puesto delante de él soportó la cruz, menospreciando la vergüenza, y se ha sentado a la diestra del trono de Dios.» *(Hebreos 12:2 LBLA)*

Ante todos los retos que la vida le presente, haga uso de la herramienta más poderosa que tiene un vencedor de gigantes: La fe. Si usted tiene fe, tiene la llave para abrir las puertas más grandes del mundo. La fe es la grandeza, es la puerta a las oportunidades y a las grandes realizaciones humanas.

Al vencer a Goliat, David logró ser el hombre del momento. Sus logros no se los atribuyó al coraje; se los atribuyó a su fe.

Si alguien puede tener fe, entonces un poco de dolor no le puede afectar, pues la fe nos hace ver el dolor pequeño en relación a los logros y al futuro. Por eso el apóstol Pablo dijo: «Pues considero que los sufrimientos de este tiempo presente no son dignos de ser comparados con la gloria que nos ha de ser revelada.» *(Romanos 8:18 LBLA)* Muy por el contrario, la falta de fe hace que cualquier situación presente nos haga sentir que el mundo se ha terminado.

Nadie puede aceptar el dolor del presente sin fe.

Todos los hombres de fe transitaron en medio del dolor, y apoyándose en ella, prefirieron el sufrimiento antes que el placer, confiados en esa convicción y certeza de lo que esperaban. Moisés prefirió dejar los deleites del reino en Egipto e ir al desierto como viendo al invisible, y lo hizo por fe. Abraham prefirió marchar en fe y dejar su tierra y su familia en busca de una mejor oferta, la cual era humanamente imposible y racionalmente ilógica; sin embargo, el tamaño de su fe lo hizo confiar.

Por la fe una mujer llamada Rahab confió en que un pueblo pequeño como Israel penetraría unas grandes murallas como las de Jericó, y en lugar de denunciar a los espías, ella los protegió confiando en la oportunidad del futuro, más que en la realidad del presente.

Nadie puede aceptar el dolor del presente sin fe.

La fe que un individuo posee le hace creer en cosas grandes; la falta de fe lo convierte en un ser resignado al fracaso llevándole a dar vueltas en círculos, quejándose constantemente de la vida que tiene, pero de la cual no se dispone a salir. Podemos atribuir este tipo de actitud a distintas razones o circunstancias, pero la realidad es que nuestra falta de fe es la que nos sumerge en la desgracia y la miseria; pero por encima de todo, la falta de fe molesta a Dios, pues sin fe es imposible agradarle.

Seis características de los hombres sin fe

Nº. 1 - Los hombres sin fe no agradan a Dios

El primer y más grande acto de fe de un ser humano es creer en Dios. Cuando carecemos de fe, atribuimos a cualquier fenómeno o suceso la creación del mundo. Puede ser asignado a la casualidad, a la suerte, a algo impersonal e inexplicable o a no se sabe qué, pero la realidad es que le restamos la gloria a Dios para atribuírsela a otras cosas.

Dios no puede estar feliz con aquel que no tiene fe, por eso en Salmos 1, la Biblia habla del varón que no se sentó en sillas de escarnecedores, es decir, que no se ha confabulado o relacionado con hombres que se burlan de Dios y desconocen su soberanía y grandeza. Dios está airado todos los días de la vida con los hombres que no tienen fe. Si usted no tiene fe, está diciéndole a Dios que usted vino de la nada, que es un ser creado del polvo y nada más, no importa cuán bueno sea.

Veamos la siguiente ilustración: Usted tiene hijo sumamente obediente, educado y que hace todo lo que se le pide de forma correcta. Hasta ahí está todo bien y no hay ningún problema; pero resulta que a pesar de ser esa clase de persona, el joven ha insinuado a otros que no siente que usted sea su padre y ni siquiera le llama papá, sino por su nombre particular. Debido a la situación, usted decide enviar a alguien para que le haga la pregunta del por qué no quiere reconocerlo como padre, cuando usted está completamente seguro de que lo es, pero el joven insiste en que no se siente seguro de ser su hijo; así que le manda a decir que le ama, que además de su Señor quiere ser su amigo, que desea la oportunidad de demostrarle que realmente es su padre y que quiere establecer con él una relación más cercana; pero el joven contesta lo siguiente: «Estoy dispuesto a hacer todo lo que me pida; inclusive, puedo ayudar en su nombre a todo el que quiera y hacer los sacrificios necesarios; puedo enviar el dinero que gane trabajando para que haga lo que él entienda, pero honestamente, no estoy seguro de que sea mi padre, por lo tanto, no puedo aceptarlo como tal y no puedo llamarlo papá». ¿Qué pensaría usted? ¿Cómo se sentiría? ¿Cree realmente que ese hijo tiene fe en usted? ¿Confía él realmente en lo que usted le ha dicho? Esta ilustración nos muestra lo que es no tener fe.

Nº. 2 - Los hombres sin fe son pesimistas y contaminan el ambiente

Un filósofo alemán llamado Friedrich Nietzsche dijo: «Dios ha muerto». No hay una declaración más desafortunada y triste que esta. ¿Podría llevar esperanza al mundo un hombre que haga tal afirmación? Para ello tendríamos que ir a los hechos. Hitler tomó alguna de las afirmaciones de este filósofo y los resultados todos los conocemos.

Nietzsche enfocó la fe como una debilidad humana y dejó el mundo en manos de los fuertes e hizo la declaración del superhombre. Aquel filósofo pesimista trajo consigo el gen ideológico de lo que sería el exterminio de todo lo que se consideraba débil o inferior, echando a un lado la fe.

La fe no es para los débiles. Si usted es una persona llena de fe puede considerarse fuerte. Fue con fe y no con fuerza humana como cayeron las murallas de Jericó; fue con fe y no con fuerza como Moisés abrió el Mar Rojo para que el pueblo de Israel cruzara; fue con fe y no con fuerza humana como David venció a Goliat.

El hombre llegó a la luna gracias a la fe, creyendo y dedicando suficiente tiempo para enfocarse en algo que parecía imposible. Por eso el presidente norteamericano John F. Kennedy, dijo: «Estados Unidos pondrá un hombre en la luna antes de que salga esta década». Antes de que concluyera la década del 60, ya el hombre había viajado a la luna. Neil Armstrong y Edwin Aldrin, dos de los astronautas del Apolo 11, eran creyentes sostenidos en el poder de la fe. El hombre falto de fe es pesimista, el hombre de fe es optimista.

Nº. 3 - Las personas sin fe sólo ven gigantes

Era de madrugada, y doce espías salieron para hacer una investigación. La tarea consistía en explorar la tierra de los cananeos para rendir un informe. Era impresionante, nadie había visto algo tan hermoso. Los frutos de la tierra eran tan grandes que era necesario cargar un racimo de uvas entre dos, como si fuese un racimo de bananos. La tierra era fértil, tan fértil que seguramente fluía la leche y la miel; pero a los lejos había hombres, hombres fuertes los cuales había que vencer para poder ocupar la tierra. Diez de los espías entraron en pánico. De nuevo el miedo hizo que estos hombres con falta de fe vieran los obstáculos como gigantes, gigantes invencibles. ¿Realmente eran gigantes o simplemente eran hombres fuertes?

En el relato de la conquista de la tierra prometida que la Biblia narra en Números capítulo 13, no se vuelve a mencionar la existencia de gigantes como algo contundente y de mayor importancia. Esto solo se lee en el informe presentado por algunos de los espías que acompañaron a Josué y a Caleb en la expedición. Pero ¿qué pudo haber pasado aquí? Simplemente que los hombres sin fe cuando son atrapados por su propio miedo, pierden la noción de la realidad y desde sus aterradoras fantasías sólo alcanzan a ver los gigantes, aquello que es poderoso, espantoso e invencible como el mismo miedo que los asedia, olvidando todo lo provechoso y bueno que pueden sacar de allí. En este caso, sólo Caleb y Josué, además de su descendencia, debido a que rindieron un informe distinto y esperanzador pudieron ver y disfrutar aquella tierra: «Pero a mi siervo Caleb, por cuanto hubo en él otro espíritu, y decidió ir en pos de mí, yo le meteré en la tierra donde entró, y su descendencia la tendrá en posesión.» *(Números 14:24)* La sentencia sobre los demás, debido a su falta de fe no se hizo esperar: «Vosotros a la verdad no entraréis en la tierra, por la cual alcé mi mano y juré que os haría habitar en ella; exceptuando a Caleb hijo de Jefone, y a Josué hijo de Nun.» *(Números 14:30)*

De la misma manera, las personas que rodearon a David en su enfrentamiento, sólo vieron lo grande de Goliat. Nadie se enfocó en la fe y mucho menos en la recompensa que traería consigo vencer al gigante.

Nº. 4 - Las personas sin fe dan vuelta en círculos

Un trayecto de 11 días le tomó al pueblo de Israel 40 años. Cuarenta años se tomó el pueblo dando vuelta en círculos para entrar a la tierra prometida, producto de haber escuchado a diez hombres sin fe. El número 40 se repite, debido a que fueron 40 días los que el pueblo de Israel permaneció escuchando la voz de Goliat, mofándose porque no salían a la batalla.

Israel tenía un llamado a conquistar la tierra prometida. Dios mismo se lo había dicho; pero para ver esta promesa cumplida tenían que vencer a los gigantes y para vencer a gigantes se requiere de fe. Muchos prefieren morir en el camino del desierto, muchos se la pasan dando vueltas y vueltas, envueltos en la miseria y la propia lástima; muchos prefieren quedarse en el anonimato antes que enfrentarse a algo grande, por el temor a ser vencidos.

Nº. 5 - Las personas sin fe son especialistas en matar sueños

David preguntó: «¿Qué dicen que le darán a quien mate a ese filisteo y salve así el honor de Israel?» *(1 Samuel 17:26 NVI)* Sin dudas, se enfocó en lo que había por delante, se mostró bastante interesado en el futuro y en las posibilidades. No obstante, sus hermanos intentaron matar sus sueños. Ellos reaccionaron, diciendo: ¿por qué no te vas a atender ovejitas?

Este es un comportamiento normal en las personas que no

tienen fe. Ellos te enrostran tu pasado y te dicen: ¿Cómo lo vas a hacer tú, uno que nunca ha hecho nada? ¿Cómo lo vas a hacer tú que eres un inexperto? ¿Cómo lo vas a hacer tú, si no tienes dinero? ¿Cómo lo vas a hacer tú, uno con tantas limitaciones?

Los hermanos de David pretendieron humillarlo. Subestimarlo era una de sus especialidades, pues era el más pequeño de la casa: Si nosotros somos los mayores ¿cómo es que este enano puede hacerlo? Sin embargo, ya Dios había escogido a David para ser rey; y esta es una gran paradoja: mientras Dios pudiera estar viendo en ti un rey, otros ven en ti un simple pastorcito de ovejas. La diferencia de todo sólo la haces tú. Dios te ha dado la capacidad de elegir quién quieres ser a través de tu convicción y tu fe.

Nº. 6 - Las personas sin fe sólo creen en las cosas lógicas desde su cosmovisión

Que una persona sólo crea en lo lógico parece algo obvio. La lógica es una realidad plasmada sobre hechos ciertos. Estos hechos han sido vistos, y luego de ser vistos, han sido analizados a fin de llegar a conclusiones razonablemente posibles.

Por ejemplo, si el sol está radiante parece algo lógico que no habrá lluvia, pero esa conclusión no necesariamente suele ser cierta, ya que sólo la pueden determinar aquellos que manejan la meteorología, y aún así hay predicciones que no siempre son 100% exactas. Si un objeto de conformación aerodinámica, movido por un motor, corre a una velocidad de 300 Kms/h, es lógico que pueda volar, sin embargo, esto nunca tuvo lógica hasta que los hermanos Wright lo demostraron al fabricar un avión. Es lógico que si un barco sale de España en dirección contraria a la India, llegue a América, pero esto nunca fue lógico hasta que Cristóbal Colón lo descubrió. De esa manera, concluimos que las cosas visibles son hechas a partir de lo invisible.

La fe no nos hace más pequeños, todo lo contrario, nos hace sabios y sensatos...

«Por la fe entendemos haber sido constituido el universo por la palabra de Dios, de modo que lo que se ve fue hecho de lo que no se veía.» *(Hebreos 11:3)* La lógica es una ciencia construida a partir de los hechos, pero estos hechos, antes eran inciertos y desconocidos, por lo que eran intangibles e ilógicos para los seres humanos. Los hombres lógicos sólo pueden ver lo que hay hecho ante sus ojos, nunca podrán ver lo que la fe puede ver. La fe se mueve en el mundo de lo invisible, la lógica se mueve en el mundo de lo visible. Nunca fue lógico que Jesús caminara sobre el agua; de hecho, todos los milagros carecen de lógica. Por tanto, un hombre sin fe es muy lógico, pero recibe muy poco.

Tomando en cuenta las características de las personas sin fe, quiero desafiarte a confiar. Confía en todo lo que

Dios puede hacer a partir de ti. Dios ha usado hombres simples para hacer cosas extraordinarias; de hecho, todos los hombres son simples al estar en la presencia de Dios.

La fe no nos hace más pequeños, todo lo contrario, nos hace sabios y sensatos, nos hace considerar el orden correcto de las cosas, nos da un panorama distinto al que conocemos. Por ejemplo, si usted entra a su habitación encontrará todas las cosas en un orden, algo lógico que usted organizó. Ahora bien, si usted va a la selva, es posible que lo que encuentre allí sea un perfecto desorden, al menos para usted; pero no es así, dentro de ese desorden puede haber un perfecto orden que alguien puede ver. Para eso, tendrá que enfocarse en cosas que ni usted ni yo vemos como normales, pero que los expertos sí han visto. De esta misma forma, los hombres de fe tienen la capacidad de ver cosas donde los demás no pueden ver, de ver un orden donde los demás ven un desorden.

Hace unos años mudamos nuestra congregación a un nuevo local. Antes de cerrar el contrato, mostré el establecimiento a algunos hermanos de la iglesia para conocer su parecer. Algunos no me dijeron nada, posiblemente les gustó, posiblemente no, y todo concluyó allí. Alquilamos el local y pasado el tiempo empezamos a hacer los arreglos pertinentes. Cuando todo comenzó a tomar forma, alguien se me acercó y me dijo: «Pastor, ahora veo la visión correcta del lugar». Así es como ocurren las cosas con la fe, algunas personas sólo verán tu visión cuando tú la hayas adelantado. Por tanto, no te enojes, no te impacientes, los hombres de fe nunca han sido prematuramente comprendidos.

LA VISIÓN

Pilar Sordo, una investigadora chilena y autora del libro: *Viva la diferencia*, en una de sus conferencias hizo una interesante anécdota: Un día un joven no vidente entró a su oficina. Le dijo que quería hablar con ella acerca de algunas de sus situaciones. Luego de conversar, lo despidió y le pidió que hiciera una tarea, la cual consistía en traer un escrito de lo que percibía de la vida y las cosas por las cuales estaba agradecido. Pasaron dos semanas y en su reflexión ella creyó que no volvería. En el tiempo acordado, el joven apareció en su oficina. Cuenta la profesional que se quedó sorprendida al recibir dos tomos empastados de todas las cosas que había escrito. Algunas de las cosas que mencionó fueron: «Agradecido por el aire que respiro, por la lluvia que moja mi cara, por el calor de las toallas que secan mi cara, por el olor a sabanas limpias, por las burbujas de la Coca Cola tocando mis labios». Continuaba expresando lo agradecido que estaba por el abrazo de las personas, por poder escucharlas, y manifestó agradecimiento por un montón de cosas que aquellos que tenemos vista, accidentalmente consideramos.

Tener visión no es lo mismo que tener fe.

Tener visión no es lo mismo que tener fe. La fe es algo espiritual; la visión es algo estratégico, es tener la capacidad de crear un pensamiento más allá de lo que se ve linealmente, es tener un pensamiento paralelo.

Cuando David vio al gigante, no se enfocó en su tamaño ni en sus fuerzas o en sus palabras. Su visión estaba más allá de los obstáculos, su visión era más amplia que su peligro; y esto es algo súper interesante. Visión es eso, tener sensibilidad para ver más allá de lo que los demás pueden ver.

Dios desea que cada uno de nosotros amplíe su visión. Fue la visión de David acompañada de la fe que le permitió establecer a Jerusalén como ciudad capital del reino y someter a todos sus enemigos en todas las campañas militares que presidió. Fue la amplia visión de Caleb y de Josué la que los movió a conquistar la tierra de Canaán. Ellos tuvieron una visión extraordinaria y no temieron a lo que estaba por delante. ¿Sabe usted cuántos años tenía Caleb cuando fue a la expedición? Tenía 40 años y a los 85 años conquistó la parte que le fue asignada mediante promesa. *(Josué 14:6-1)* Todos los demás espías, al igual que ellos, eran príncipes de Israel, uno de cada tribu; tenían la misma posición, la misma preparación, habían visto todas las proezas por medio de Moisés que Dios había hecho; sin embargo, su visión no era la misma.

Cuando alcanzamos a ampliar la visión, todo lo que puede ser un obstáculo para lograr nuestros objetivos nos parecerá insignificante.

Capítulo 4

Armadura 3
La PLANIFICACIÓN

Capítulo 4

Armadura 3: La PLANIFICACIÓN

Cuando vemos las cosas desde la óptica espiritual, muchas veces sacamos de contexto el concepto de lo objetivo. No obstante, Dios quiere que los hombres creamos por fe. Él se encarga de cada cosa que ocurre por su mano y lo hace en el contexto de lo posible, es decir, a través de lo que hay alrededor, salvo algunas excepciones.

Por ejemplo, si Dios hubiese querido que todo lo ocurrido en la batalla entre David y Goliat se viera únicamente desde el contexto espiritual, no tenía por qué usar a David para matar al gigante, simplemente hubiese mandado un rayo, y punto. Goliat pudo haber caído muerto de un infarto, pudo morir por su propia espada o mandar un ángel visible que lo venciera con un soplo. Pero Dios usó un diminuto jovencito para vencer a un gigante. ¿Y por qué Dios usó a David? Por la sencilla razón de que Dios quiere que usted y yo, al igual que antes, aprendamos que él está ahí para ayudar a pequeñas personas a enfrentar a gigantes, a que luchen y no se dejen amedrentar. Dios usa a sus hijos para hacer que las cosas grandes parezcan sencillas, pero nosotros sabemos que sin su presencia nada es posible, pues si los hombres vieran a Dios haciendo él mismo las cosas, entonces ya no habría fe, el hombre creería por ver a Dios en persona y entonces no tendríamos que evangelizar, no tendríamos que hablar de su amor y lo querríamos como el súper héroe, no por fe, sino sólo por lo que vemos. Fíjese que los filisteos no se hicieron adoradores de Dios por el hecho de ver como un diminuto jovencito venció a su gigante con fe y con una simple piedra. Entonces, Dios actúa, pero la muestra de nuestra fe no está en sentarnos a esperar que ocurran las cosas. La muestra de nuestra fe es salir a la batalla, conscientes de que hay un Dios dispuesto a apoyarnos.

La muestra de nuestra fe es salir a la batalla, conscientes de que hay un Dios dispuesto a apoyarnos.

Dios no es un mago; a Él no le gustan las cosas mágicas, cosas que no tengan ninguna iniciativa, ninguna explicación ni propósito. Él no quiere que nos acostumbremos a sentarnos para contemplar cosas asombrosas y espectaculares. Por esa razón, Él mandó maná del cielo, pero el pueblo tuvo que recogerlo. Él pudo quitarles el hambre de la misma manera que hizo que no se envejecieran sus ropas, pero lo que Dios buscaba era que el pueblo tuviera que salir a recoger el maná todos los días.

Jesús pudo, en su primer milagro, llenar las tinajas de vino en lugar de pedir a los criados que llenaran las tinajas de agua para luego convertirlas en vino. *(S. Juan 2)* Después de todo, Él no necesita intermediarios; sin embargo, pidió a otros que hicieran el esfuerzo y que se movieran. Entonces, las personas suelen decir que Dios le está diciendo a usted que se ayude para poder ayudarle, y ciertamente Dios no necesita su ayuda para nada; ahora bien, lo que sí a él le gusta es ver la actitud de su corazón, su gratitud y su fe en Él. Dios desea que se mueva en fe para que su nombre sea glorificado. Si Dios hubiese mandado un rayo, esta historia no se estaría contando como un acto que le inspira a usted y a mí a mantener la fe y a planificar nuestros actos.

Cuando usted ora, Dios no contesta sólo por su oración, sino que su nombre es glorificado por su oración; pues cuando usted dice: «En el nombre de Jesús», le está dando la gloria a Él. Aquel que recibe el milagro sabe que es Dios quien está actuando. El mayor recurso del cristiano siempre será el orar, porque a través de la oración se reconoce quién tiene todo el poder y la gloria.

La fe, como todo don, debe ser ejercitada y requiere de acción. Esta acción yo la llamo planificación. La planificación es el proceso metódico diseñado para obtener un objetivo determinado. Otras definiciones más precisas refieren que la planificación es un proceso de toma de decisiones para alcanzar un futuro deseado, teniendo en cuenta la situación actual y los factores internos y externos que pueden influir en el logro de los objetivos.

Existe una enorme confusión con el tema de la fe y la planificación. Las personas que no planifican no pueden tener fe. La fe exige planificación. Si usted cree profundamente que va a llover, entonces usted buscará una sombrilla. Si usted firmemente cree que va a conseguir una suma importante de dinero, entonces usted se preparará para recibirlo y usarlo de la manera correcta.

La planificación es el paso que sigue a la fe. Sólo los que tienen fe planifican, porque están completamente seguros de que lo que anhelan va a ocurrir. Dejar que las cosas sucedan al azar no es tener fe, es simplemente ser un improvisado y un falto de buenos hábitos.

Personalmente confieso que planificar es una de las tareas más tediosas y difíciles de realizar. A mí se me ha hecho pesado en ocasiones; sin embargo, es una obligación con la que debo lidiar todos los días.

Cuando David fue llevado a la oficina del rey le ofrecieron varias armaduras. Estas armaduras fueron un gesto muy generoso, un ofrecimiento importante, pero usarlas no sólo era una falta de fe, era también una falta de planificación. David tenía su propio plan y fue categórico en rechazar las armaduras, él tenía sus propias herramientas y prefirió usarlas antes que aceptar la oferta del rey. Este plan le salió a la perfección. Usted puede ver la hazaña de David como una coincidencia, una pura casualidad, pero lo cierto es que tenía un plan.

David había sido motivado por Saúl a usar las armaduras y la espada. Lo vistió con todo lo bueno que un soldado pudiera necesitar. ¿Esto qué significaba? Bueno, era usar un plan de batalla concebido por otro, conforme a los recursos y las condiciones de otro. Era un plan diseñado conforme a las fuerzas de Saúl, a sus habilidades y a su estilo. Aquí se encierra una gran enseñanza: de vez en cuando, cuando no tenemos un plan, podríamos dejar que otros nos tracen la estrategia a seguir y el resultado será funesto. Si usted deja que el plan a desarrollar siempre sea por vía de otros, posiblemente cuando llegue al campo de batalla no lo podrá ejecutar, ya que el plan que otro diseña, no siempre es el adecuado.

...la victoria está en el conocimiento de las herramientas que tenemos y el manejo oportuno de las mismas.

No se puede usar una herramienta sólo porque es buena o porque alguien influyente la pone en las manos de uno. Es mejor usar lo que hemos planificado, pues la victoria no está en el tamaño de las herramientas o en su seguridad, la victoria está en el conocimiento de las herramientas que tenemos y el manejo oportuno de las mismas.

David no se impacientó. Rápidamente comprendió que cometería un error si aceptaba que otros le trazaran las normas de su lucha, de su vida y de su futuro. Aceptar el plan de otro no tiene problema siempre que no implique poner en riesgo la vida, pero cuando se está poniendo en juego la vida o el futuro de las personas, las decisiones deben ser muy firmes, y esa firmeza la tuvo David para decirle a un rey que no iba a ponerse la armadura. Esto pudo haberse tomado como una falta de respeto al rey, a su investidura y a su cortesía; sin embargo, David prefirió rechazarla, lo cual daba una clara señal de decisión y firmeza en su plan: Si tengo un plan no tengo por qué cambiarlo; además, yo soy el que va a pelear, yo decido lo que quiero hacer.

En la película *Zona de miedo*, ganadora del *Oscar* y mejor película en el 2009 hay una escena muy interesante. El protagonista, en el proceso de desarmar unas bombas en Irak, descubre una bomba enorme. Al verla, se quitó su traje especial de desarmar bombas, y los compañeros, aterrados, le preguntan por qué lo hacía, a lo que él contestó: «Esa bomba tiene suficiente explosivo para derribar una cuadra entera; si explota, de todas maneras voy a morir, así es que si me voy a morir prefiero hacerlo cómodo». Esa pudo ser la decisión de David: voy a pelear cómodo, pues tengo un plan diferente.

EL PLAN DE DAVID

David fue al arroyo y buscó cinco piedras. Preparó su honda y se fue a pelear. Este plan era tan sencillo que parecería que no había ninguno realmente, pero para usted hacer un plan, lo primero que debe pensar no es en sus recursos, sino en su objetivo. El objetivo de David era derribar a un hombre inmenso. Aun así, el tamaño no era el único problema, sino que además, este hombre estaba forrado de metal por donde quiera y tenía una lanza enorme. ¿Cómo se le acercaría usted a un gigante forrado de acero y con una súper lanza en la mano? David midió muy bien su objetivo. Era un objetivo no sólo grande, sino herméticamente cerrado y con un arma de largo alcance. El relato dice lo siguiente: «Salió entonces del campamento de los filisteos un paladín, el cual se llamaba Goliat, de Gat, y tenía de altura seis codos y un palmo. Y traía un casco de bronce en su cabeza, y llevaba una cota de malla; y era el peso de la cota cinco mil siclos de bronce. Sobre sus piernas traía grebas de bronce, y jabalina de bronce entre sus hombros. El asta de su lanza era como un rodillo de telar, y tenía el hierro de su lanza seiscientos siclos de hierro; e iba su escudero delante de él.» *(1 Samuel 17:4-7)*

Goliat tenía la cabeza cubierta con un casco de bronce. ¡Dígame usted si con una espada, por grande que esta fuera, David podía acercarse y pegarle en la cabeza a aquel gigante! Tenía también una cota de malla. Esta cota era una armadura defensiva que se ponía en el cuerpo, y la malla era aparentemente metálica. Tenía una jabalina de bronce en sus hombros y unas grebas de bronce sobre sus piernas, de tal forma que le cubriera desde las rodillas hasta los pies. Este hombre, además de grande, era impenetrable bajo condiciones normales.

Al ver esto, podríamos concluir que el plan de David de buscar piedrecitas era infantil e iluso, pero esto es como se ve a simple vista, pues en términos de condiciones no existía ningún mecanismo humano para vencer a este hombre, a no ser como lo hizo David, con una piedra que le diera en un lugar sensible y que estuviera al descubierto, capaz de ponerlo inconsciente por un momento. Ningún golpe que David pudiera darle a Goliat sería tan efectivo para aturdirlo como el que le dio en la frente con una piedra.

Ningún golpe que David pudiera darle a Goliat sería tan efectivo para aturdirlo como el que le dio en la frente con una piedra.

David fue al arroyo y buscó cinco piedras lisas. ¿Por qué en el arroyo? ¿Por qué lisas? ¿Por qué cinco? Pienso que todo eso era parte de su plan.

En primer lugar, debía ir al arroyo por la consistencia de las piedras. No es lo mismo una piedra de la montaña que no ha sido probada por el agua y por las otras piedras, que una del arroyo. Las piedras de la montaña son deformes e inconsistentes; las piedras del arroyo son íntegras, y de hecho, la palabra integridad viene de esas piedras: algo entero, algo que no se parte en varios pedazos. Por eso David las escogió, por ser consistentes, y la diferencia entre una piedra de estas y una bala no es mucha en dureza.

Las escogió lisas porque estas tenían forma circular. Una vez fui al campo a cazar con una honda —supongo que mi honda era diferente a la de David, pero eso sí que tenían las dos algo en común: necesitaban una piedra. Mis piedras preferidas eran lisas y redondas porque su giro es menor y por ende son mucho más precisas. Por esa razón, las pelotas son redondas. David tomó cinco piedras lisas y las metió en el saco. Siendo lisas podían salir con mayor facilidad de la honda y el tiro era más predecible.

Con relación a la cantidad, David tomó cinco piedras. Pudo haber tomado algunas más, pero pienso que la razón por la que sólo tomó cinco tenía que ver con el peso y el sonido. Las piedras pesan y suenan. Si hubiese tomado más piedras, le habría sido imposible alcanzar una velocidad que le permitiera lanzar con mayor potencia y con la precisión de llegar a la frente del filisteo. No hubiese encontrado balance para hacerlo.

¿Por qué la honda? La honda era el arma más oportuna para este combate. Su contrincante estaba forrado de todo tipo de protección, así que David, además de tener pocas opciones para dar un golpe al gigante, debió tomar no sólo el arma que le permitiera tal hazaña, sino también aquella que pudiera manejar adecuadamente. Fíjese que a David le ofrecieron una indumentaria muy completa, pero el escogió la que era más adecuada: una pequeña, diminuta e insignificante honda.

La honda es la muestra de que cuando Dios está con usted, no necesita una gran armadura, a no ser la armadura que

Él mismo da. *(Efesios 6)* No necesita de lanzas especiales u otro tipo de armas, necesita la fe; y más que una gran fe, necesita una fe correcta: la fe en Dios y en su hijo, Jesucristo. Si pone la fe en cualquier otra cosa que no sea Cristo, lamentablemente su fe puede estar en el carril equivocado, aun cuando usted vaya con decisión hacia el gigante.

La fe no consiste en no usar armas; la fe consiste en usar las armas que Dios ha puesto en sus manos. Dios le preguntó a Moisés cuando lo comisionó para liberar a Israel de Egipto: «¿Qué tienes en la mano?»; y a los discípulos para alimentar a más de cinco mil personas: «¿Qué tienen en la mano para alimentar a esta gente?» David hizo lo mismo: utilizó lo que tenía en la mano, desarrolló su plan y lo ejecutó a la perfección hasta lograr su objetivo.

Para alcanzar los sueños se necesita de una fe activa.

Hay un dicho que cita: «Todo lo que se puede soñar se puede lograr», el asunto es que usted debe saber cómo va a conseguirlo. Muchas personas se pasan la vida soñando y soñando. Mentalmente desarrollan muchas ideas y se la pasan hablando de ellas a todos, sin embargo, no dan un paso en pos de alcanzarlas y se quedan esperando que sucedan mágicamente. Para alcanzar los sueños se necesita de una fe activa. Usted debe crear un plan de acción.

Una vez escuché este pensamiento: «Que tus metas sean

tan grandes que a menos que Dios haga un milagro, todo sea un fracaso». De eso se trata planificar, de tener fe y accionar esa fe. No importa cuán grande sea la meta; tenga un plan y la decisión de ejecutarlo. Las distancias grandes se recorren paso a paso, pero hay que dar el primero.

La fe es una actitud interior y la planificación es la manera de ponerla en movimiento. ¿Cuáles fueron las cosas que David tomó en cuenta para desarrollar su plan? Veamos las siguientes:

Nº. 1 - Un objetivo definido

Un plan verdadero tiene un objetivo claro y definido. Nuestros objetivos, por grandes que parezcan ser, deben tener claridad meridiana en nuestras aspiraciones. Una de las razones más comunes para fracasar ante un gigante es no tener el objetivo claro.

Clarificar los objetivos es la parte más difícil de un plan. Aunque parezca sencillo, no lo es. La razón por la que a muchas personas no les gusta fijar objetivos es por el temor a no cumplirlos y por la falta de disciplina.

Toda persona, equipo de trabajo o institución, debe clarificar sus objetivos antes de iniciar una tarea. El cumplimiento de estos se convierte en una motivación personal, además de un indicador que nos ayuda a ver cuán eficiente ha sido nuestra labor en el tiempo. Si usted no tiene un objetivo, no tendrá cómo evaluarse, y por tanto, nunca cambiará. Quien no cambia sucumbe con el tiempo.

He sido asesor de empresas por más de 15 años; increíblemente uno de los puntos que más me cuesta definir con los dueños de las compañías es la claridad de sus objetivos. Normalmente, a los dueños les gusta esconder sus objetivos y mantenerlos ocultos por varias razones, una de ellas es la confidencialidad ante los empleados. Aunque piensan que es lo mejor, es un craso error, pues si el equipo no conoce los objetivos, no se preocupará por lograrlos. Las veces que llegué a discutir este punto con los propietarios de las empresas, me di cuenta de que muchos de ellos, nunca habían dirigido en base a por lo menos un objetivo y no tenían idea de cómo establecerlo para los años siguientes. El no tener objetivos claros hace que las empresas caminen sin rumbo y sin ritmo, y lo mismo sucede en lo individual. El ritmo de la vida es definido por los objetivos de las personas. Las personas sin objetivos son arrítmicas e inconstantes.

La planificación no es una cualidad humana, es algo que cultivamos con los años.

Por no tener fe siempre creemos que no podemos lograr grandes cosas y nuestro subconsciente no está educado para planificar y definir objetivos. La planificación no es una cualidad humana, es algo que cultivamos con los años. David tenía un plan en base a un objetivo que deseaba lograr; sin este objetivo no hubiese pensado su estrategia. Muchas personas creen que sentarse a planificar es una pérdida de tiempo, otras piensan que lo saben todo y que no necesitan desarrollar un plan, y algunas están convencidas de que debido a que no tienen control del futuro no hay necesidad de hacerlo.

Nº. 2 - Evaluar las dimensiones del objetivo

El objetivo primario de David era vencer al gigante. Evaluar las armaduras de Goliat, su tamaño, su fortaleza y su agresividad, le permitió medir a su adversario, diseñar un plan y no entrar en pánico. Muchas personas no analizan a profundidad su objetivo porque esto los hace pensar y los hace ver la grandeza del mismo; por consiguiente, es mejor no pensar en eso, pues hay la vaga idea de empezar a caminar y que en el camino se arreglen las cosas.

Yo he sido una víctima por mucho tiempo de esta acción y lo único que puedo decir es que me ha dejado muchos sinsabores y la sensación de no lograr todo lo que puedo lograr, por el hecho de no haber planificado.

David observó que su gigante era enorme y que estaba bien armado, pero al mismo tiempo se dio cuenta de que tenía la frente descubierta y que era lo único que tenía despejado. A partir de este punto, David diseñó su plan: "Plan piedra en la frente". Era un plan difícil, era casi remoto, pero no era imposible.

¿Qué plan tiene usted para vencer al gigante que tiene en frente? ¿Cuáles son las estrategias que ha diseñado en base a la mínima posibilidad que tiene por delante? No deje que lo que parece imposible le impida planificar, no piense que sólo porque le va a tomar tiempo no puede intentarlo. Las veces que lo intente, pueden ser cientos; sin embargo, con planificación tiene la posibilidad de que el tiempo, el esfuerzo y los recursos, sean menos.

Nº. 3 - Cuantificar las herramientas necesarias

David corrió en busca de seis cosas: cinco piedras y una honda. *(1 Samuel 17:40)* Está claro que él salió en busca de las herramientas que le permitirían lograr su objetivo.

Ir en busca de las herramientas significa prepararse, equiparse y organizar su material de trabajo. Si usted no invierte en educación, no compra las herramientas adecuadas para hacer su trabajo, por más que haga, las cosas le van a salir más caras y va a consumir mucho más tiempo y energía, y el resultado final será algo mediocre.

Cuando mudamos de local la iglesia que pastoreo, hubo la necesidad de edificar una tarima para el altar. La persona que estaba realizando el trabajo llevó durante los primeros días su sierra eléctrica con la cual cortaba toda la madera necesaria. Sin embargo, por alguna razón que desconozco, un día no la trajo consigo, y para cortar la madera tuvo que valerse de un serrucho. La diferencia en tiempo y en agotamiento era abismal.

Las herramientas de trabajo hacen que las personas entrenadas trabajen con el doble de rapidez y con menor esfuerzo. David fue en busca de sus herramientas y usted debe buscar las suyas si quiere vencer al gigante.

Nº. 4 - Respetar el valor del tiempo

David corrió en busca de sus piedras y no se detuvo. No empezó a pedir miles de opiniones —aunque hay ocasiones en que es necesario pedirlas—, ni tampoco le dio muchas argumentaciones al rey sobre el por qué de no usar su armadura. El no perdió tiempo en el camino, se dirigió al arroyo y buscó sus piedras.

Mucho de planificar tiene que ver con el tiempo. Si usted no tiene un tiempo para lograr lo que se ha propuesto, entonces no tiene un plan. El plan respeta y obedece un tiempo. En el caso de David, cada minuto contaba. El gigante tenía cuarenta días gritándole al ejército; ya era tiempo de actuar. De igual manera, cada persona que tiene un plan no puede posponerlo eternamente, debe establecer una fecha para que ese plan sea realizado. No poner una fecha es como acercarse al blanco para llevar el dardo con las manos. Si usted no tiene un plan dejará que las cosas ocurran cuando ellas quieran ocurrir, lo que genera falta de compromiso porque usted no tendrá prisa. Lo que no se planifica tiene un índice muy pequeño de probabilidad de realización. Así que es pertinente que usted se pregunte: ¿realmente tengo un tiempo para lograr lo que me he propuesto? Siendo honesto consigo mismo ¿puede decir que ha escrito una fecha para lograr sus propósitos y objetivos?

El plan respeta y obedece un tiempo.

Para toda persona normal lo que estadísticamente ocurre es que el 97% aspira a estar mejor, pero no tienen un tiempo exacto en el que piensan lograrlo. El nivel de precisión es fundamental para establecer un objetivo. Debe ponerle horas, meses y días, y se va a sorprender de cómo Dios apoyará su organización y su fe. Cuando podemos plasmarlo en un papel, por grande que sea el sueño, le estamos diciendo a Dios: «Yo creo en ti. Por eso establezco sueños grandes».

Los objetivos en la era de la distracción

Las personas piensan que estamos viviendo en la era de la información, y lo cierto es que más que la era de la información, ya hemos pasado por la era de la interrupción y entrando en la era de la distracción. Hay tanta información que es imposible mantenerse enfocado por mucho tiempo sin ser interrumpido. En la actualidad, la cantidad de productos que se manejan ha aumentado estrepitosamente y los anuncios han crecido en los últimos años en más de un 400%. A esto hay que sumarle los teléfonos celulares, las computadoras, las redes sociales y los servicios de mensajería. La comunicación de voz sobre IP, las redes inalámbricas y todos los medios de comunicación interrumpen a las personas cada minuto. Son herramientas que usándolas de la manera adecuada pueden aportar mucho en el logro de los objetivos, sobre todo en lo relacionado al marketing, la publicidad, el mercadeo y la comunicación; pero si no establece un límite y aprende a tener control de ellas, terminará siendo su marioneta.

En el momento que me siento frente a un computador, en tanto lo abro, algunas redes sociales comienzan a mandar sus avisos. Hay decenas de personas conectadas enviando pequeños mensajes de saludos. Esto es agradable, pero es una enorme competencia con mi concentración porque ciertamente es tentador contestar y resolver cosas al instante.

Si las personas no establecen sus objetivos y trazan planes de acción que las ayuden a conseguirlos, entonces se van a perder en una era que absorbe la comunicación por todas las vías posibles: celulares, redes, tablas, mp4, video juegos, etc. Para sostener una conversación adecuada con una persona, no puede pasar más de un minuto sin que la misma sea interrumpida por un elemento tecnológico, y yo soy una de ellas.

Es necesario y urgente trazar una agenda bien planificada, a fin de que nuestros objetivos no se vean amenazados por la pérdida de tiempo en esta era de la distracción.

Capítulo 5

Armadura 4
La DETERMINACIÓN

Capítulo 5

Armadura 4: La DETERMINACIÓN

Los inconstantes son consistentemente mediocres.

Dío Astacio

Los ejércitos estaban vigilantes. Todo el protagonismo recaía en un solo hombre. Las posibilidades parecían estar de un solo lado y los que antes eran actores, ahora pasaban a ser simples espectadores. Por fin, alguien había decidido suscitar un punto de atención en medio de dos ejércitos paralizados y aburridos. «¡Qué locura!», dijeron muchos.

El gigante salió al frente, aquel inmenso hombre vocinglero y desafiante salió lleno de armaduras y con una lanza en la mano que podría dejar tendido de un solo golpe a cualquiera que se le pusiera enfrente. Una cosa es decir, «Voy a pelear con un gigante» y otra cosa es verlo de frente y hacerlo. Hubo tiempo para pensar, hubo tiempo para huir, pero ninguna de las dos opciones fueron escogidas por el pequeño guerrero. El gigante no sólo era un combatiente poderoso y audaz, sino que conocía muy bien la técnica del hostigamiento verbal y que con ella podía producir en su contrincante flojera y miedo. Así que comenzó a vociferarle a David: «¿Acaso soy yo un perro para que vengas con palos a mí?» Continuó hablando de forma intimidante y lo maldijo. Sus últimas palabras fueron: «Ven a mí, y daré tu carne a las aves del cielo y a las fieras del campo». *(1 Samuel 17:44)* Si un enano nos dice eso podríamos considerar seguir adelante, pero si lo dice un gigante, resulta muy atemorizante.

No es posible que un ser humano que cree una cosa hoy y otra mañana pueda tener determinación.

A pesar de todo eso David no tuvo miedo, sino que siguió con su plan de vencer a su oponente.

Características que identifican a las personas con determinación

El diccionario define la palabra determinación como la resolución que se toma sobre un asunto. También la relaciona a la osadía, al valor o atrevimiento en la manera de actuar. *(Wordreference.com, 2013)*

Hay personas que no tienen una extraordinaria preparación académica, sin embargo, logran lo que se proponen con determinación. A continuación veamos algunas características de las personas que tienen determinación.

Nº. 1 - Las personas con determinación tienen creencias firmes

No es posible que un ser humano que cree una cosa hoy y otra mañana pueda tener determinación. Usted es el resultado de sus pensamientos. Si sus pensamientos cambian constantemente, sus resultados cambiarán de la misma forma.

David le dijo al gigante: «Tú vienes contra mí con espada, lanza y jabalina, mas yo vengo a ti en el nombre del Señor todopoderoso». *(1 Samuel 17:25 NVI)* David no peleó en su propio nombre, fue confiado en la fe que tenía. Esa fe lo llevó a actuar y a tener grandes expectativas. David conectó su fe con su pensamiento y actuó en consecuencia de ello. Por esto le dijo al gigante: «Hoy mismo el Señor te entregará en mis manos». *(v. 46 NVI)*

La determinación es algo que debe acompañarnos todos los días. Si usted está seguro hoy de lo que desea alcanzar, pero mañana no y se va moviendo de acuerdo a las circunstancias, entonces dudo que pueda ver aquello que se ha propuesto. Dios le concedió a David la victoria porque vio su confianza. Aquellos que cambian como el viento, no podrán recibir la bendición porque son inconstantes. Santiago 1:6-7 dice: «Pero pida con fe, no dudando nada; porque el que duda es semejante a la onda del mar, que es arrastrada por el viento y echada de una parte a otra. No piense, pues, quien tal haga, que recibirá cosa alguna del Señor».

Hay una gran relación entre la determinación y el éxito. Usted no puede ser determinado si no está seguro de lo que va a hacer, si tiene dudas en cuanto a lo que desea lograr y no cree firmemente en sus sueños.

La determinación está en ese sentido unida a la pasión. David sentía pasión por su fe, por tanto, estaba seguro de que podía vencer al gigante. ¿Tiene usted verdadera pasión por lo que desea alcanzar? ¿Cree usted firmemente en ello?

Nº. 2 - Las personas con determinación no se intimidan ante lo que ven

David, no sólo enfrentó al gigante cuerpo a cuerpo, también lo enfrentó con argumentos, es decir, reaccionó ante su hostigamiento verbal y a su intimidación psicológica. Si David no hubiese hablado y discutido con el gigante se podría suponer que lo que sucedió fue un pleito fortuito, en donde un hombre con miedo tiró una piedra y mató a otro por casualidad. Este no fue el caso de David, sino que él le respondió al gigante con determinación, con palabras contundentes y precisas. Le dijo lo que debía decirle con valentía y de frente, comprometiéndose públicamente a ganar la batalla. Con su fe en alto, David dijo: «Toda esta congregación sabrá que Jehová no salva con espada y con lanza; porque de Jehová es la batalla.» *(1 Samuel 17:47)*

Las personas con determinación tienen sus ideas claras y están dispuestas a defenderlas. Las palabras de Goliat eran intimidantes, pero David era un hombre determinado que supo responder adecuadamente a la arrogancia de un Goliat que se creía invencible.

Las personas con determinación tienen sus ideas claras y están dispuestas a defenderlas.

Imagínese si David hubiese salido corriendo al ver no sólo el tamaño de Goliat, sino al escuchar su temible voz. ¿Qué se hubiese escrito acerca de él? Usted es quien decide lo que se dirá de usted. Todo dependerá de la actitud que asuma frente a los problemas que se presenten. Si cultiva la determinación, y no se la pasa posponiendo todo, entonces no se intimidará ante lo que se pueda presentar.

Conozco a personas que un día comenzaron una carrera detrás de un sueño con mucho entusiasmo y grandes expectativas, pero al pasar el tiempo, debido a las dificultades que se presentaron en el camino decidieron dejarlo todo. Algunos se pudieron levantar y seguir adelante, lo cual le tomó más tiempo de lo que tenían previsto, pero de todas maneras me alegro de que lo hayan hecho.

Muchas personas temen comprometerse de manera pública o con aquellos que están a su alrededor. ¿Se ha comprometido usted con su familia, con su equipo, con su superior o con usted mismo? Si así ha sido, le animo a que cumpla con su compromiso. Las personas con determinación no son de doble ánimo. Hay personas que ante las primeras dificultades abandonan.

Nº. 3 - Las personas con determinación no se mueven hacia los lados

En una oportunidad iba manejando por una avenida y de repente una camioneta salió de frente hacia mí. Aunque tenía la opción de tirarme al paseo de la derecha y la camioneta siguiera su rumbo chocando a los que venían detrás, no lo hice; así que me quedé firme esperando lo peor, pero la camioneta se tiró al paseo de la derecha y siguió sin afectar directamente a otros. Si yo hubiese tomado la decisión de moverme, ¿qué habría pasado? Si me hubiese movido a la derecha, nos habríamos encontrado en el paseo. Gracias a la determinación de quedarme exactamente donde estaba no choqué de frente.

Dudar es lo peor que puede hacer un hombre que quiere vencer a un gigante. Las personas con determinación ven caer los montes a su lado y no se mueven. Ellos están convencidos de su ruta, están determinados a intentarlo hasta el fin. Muchos de los fracasos empiezan cuando nos movemos frecuentemente de un lugar a otro. En Salmos 125:1 dice que los que confían en Jehová son como el monte de Sión, que no se mueve, es decir, que se mantiene firme. Cualquiera podría intimidarse al ver un gigante avanzando porque no es lo mismo verlo del otro lado que verlo caminando hacia usted. Cuando el filisteo avanzó para enfrentarse a David, el pequeño no se intimidó ni corrió hacia atrás, sino que permaneció en el frente.

Una persona que mueve su pensamiento y su vida constantemente está trazando un camino hacia el fracaso. No le digo que no pueda haber sus excepciones, por ejemplo, si sabemos que hay un embotellamiento en el tránsito hacia donde nos dirigimos, lo normal es que busquemos rutas alternativas. Pero generalmente, cuando de nuestro futuro y de la vida se trata, andar de un lado para el otro, ya sea en lo espiritual, en lo emocional o en lo profesional, nos puede llevar hacia el desastre, dejando que nos venza el gigante de la falta de visión y de determinación. Por esa razón hay muchas familias destruidas, muchos matrimonios rotos y muchas personas llenas de talento en el anonimato.

Dudar es lo peor que puede hacer un hombre que quiere vencer un gigante.

La Biblia relata historias de hombres y mujeres que basados en lo que creían, no se movieron y esperaron todo el tiempo necesario hasta ver cumplido aquello que esperaban. Recordemos el caso de Caleb, uno de los doce espías. Caleb esperó 45 años para disfrutar la tierra que se le había ofrecido y durante todo ese tiempo estuvo preparándose para el día de la conquista. David tampoco se convirtió en rey de la noche a la mañana, sino que tuvo que pasar por serias dificultades y sufrir la persecución de Saúl a muerte, mientras tanto estuvo refugiado en cuevas, potencializando sus dotes militares hasta que reclamó el reino. Esto nos muestra que, además de no tener un pensamiento voluble, estos eran hombres proactivos que se mantenían en su ruta.

No tengo tiempo para desanimarme, estoy demasiado ocupado cumpliendo mi misión.

-Rick Warren

Antes de triunfar en los Estados Unidos de América, los Beatles habían pasado mucho tiempo tocando en bares de Alemania e Inglaterra. Mozart, que se dice fue un prodigio en la música y que hizo composiciones siendo un niño, según fuentes de investigación sobre su vida, no hizo nada de calidad hasta tanto no cumplió con al menos diez mil horas de trabajo musical, lo cual refleja que estaba muy seguro hacia dónde iba y se mantenía aprendiendo todo lo necesario y trabajando en ello.

Usted no podrá ver resultados contundentes hasta que haya cumplido el ciclo de las diez mil horas de trabajo intenso. A veces parece que el resultado nunca va a llegar, sin embargo, al cumplir el ciclo de las diez mil horas, empezará a ver resultados que nunca imaginó. «Cuando te sientas desanimado, ignóralo. Reflexiona en tu interior: "No tengo tiempo para desanimarme, estoy demasiado ocupado cumpliendo mi misión".» —Rick Warren

Ninguna persona que está en la cima lo ha logrado sólo por su talento. Habrá momentos en su carrera donde el gigante correrá hacia usted. Parecerá que todos están en su contra, pero usted deberá mantenerse firme y seguir en el frente si quiere vencerlo.

Nº. 4 - Las personas con determinación corren hacia su objetivo

Cuando Eisenhower tomó la decisión de entrar a Normandía el día más largo de la historia (El día D), tenía muchos pronósticos en contra y un gran gigante de frente. Tuvo que actuar con rapidez, aunque lleno de miedo. Tanto miedo tenía que escribió un epitafio de su derrota que decía así: «La decisión de entrar las tropas fue solamente mía. Los soldados hicieron el mayor esfuerzo a su alcance. Todo cuanto haya salido mal en este intento es únicamente mi culpa». Esto lo escribió Ike, sólo para expresar que existían notables temores en su decisión. No obstante, los hombres con determinación no se concentran en los temores, piensan en el gigante que tienen al frente y actúan con diligencia.

David corrió literalmente y lo hizo rápidamente. Corrió apresurado hacia la línea de batalla para hacerle frente a su oponente. David no corrió lentamente ni de un lado para el otro, sino que lo hizo firme con sentido de urgencia y con determinación.

Una de las cosas que he observado de los hombres de éxito es que ellos tienen sentido de urgencia. Para ellos el tiempo es oro, y son personas muy puntuales, exigentes y con una conciencia sobre el uso del tiempo que a veces parece enfermiza. Cuando prometen algo le dan un carácter especial más allá de lo que le dan las personas de manera común. Para las personas serias, las cosas son serias.

...los hombres de éxito... tienen sentido de urgencia.

En mis investigaciones he observado que las personas de éxito también le dan importancia a los detalles. Para ellos cualquier proyecto por insignificante que sea, si cae en sus manos, es importante. No ven las cosas en función de su tamaño actual, las ven en función de su perspectiva en el tiempo.

David tenía urgencia de cumplir con su objetivo: le esperaba la hija del rey y la entrada al palacio que ya Dios le había ofrecido. Vencer al gigante era cuestión de quitar un obstáculo en el camino. Es bueno entender que para ser rey muchas veces tendrá que vencer a uno que otro gigante, pero cuando de vencer a gigantes se trata, usted no puede tener miedo ni siquiera a la muerte.

Me gusta la frase de Steve Jobs sobre la determinación

y la muerte. Él afirmó lo siguiente: «A la hora de tomar grandes decisiones en mi vida, mi herramienta más útil ha sido tener presente mi mortalidad, porque casi todas las cosas —las expectativas externas, el orgullo, el temor a la vergüenza o al fracaso— pierden importancia de cara a la muerte, dejando solamente aquello que es relevante. Tener presente nuestra mortalidad es la mejor forma que conozco de evitar la trampa de creer que tienes algo que perder. Ya estás desnudo. No existe razón para no hacerle caso al corazón».

Vivas o mueras, la determinación es tu mejor herramienta para vencer el miedo y lograr el éxito.

LA DETERMINACIÓN y el fracaso

Como *coach* de muchas personas, he notado un factor común entre todos los inconstantes y es que son consistentemente mediocres. No hablo de la mediocridad como un término despectivo, lo que quiero decir es que las personas veleidosas nunca pasan de ser promedio. Son inconstantes en los empleos, en las finanzas, en la iglesia, en la familia y en todo. La falta de determinación para enfrentar un reto es la mayor fuente de fracaso de los seres humanos.

Og Mandino, dijo: «El fracaso nunca será definitivo si la determinación de alcanzar el éxito es tan fuerte que no se acaba ni se disminuye». Para las personas determinadas, perder una batalla siempre está dentro de su riesgo calculado. Ellos saben que existe la posibilidad de perder una pelea, de no lograr una meta, de perder un partido, pero saben también que la determinación se trata precisamente de ir al campo conscientes de que si los derriban, van a volver a levantarse. Sólo los ilusos o los héroes de película piensan que nunca van a perder una pelea, pero en la vida real no es así. Las bajas vienen y están calculadas dentro de las mentes determinadas.

LA DETERMINACIÓN produce cambios

Jim Rohn afirmó: «La indignación y la determinación son dos de las grandes emociones que conducen al cambio». Lo que pasó con David fue exactamente eso, su indignación por lo que estaba pasando en el campo de batalla fue lo que produjo en él un profundo deseo de cambio y lo llevó a ser determinado en sus propósito de vencer a Goliat.

Esta misma determinación fue lo que motivó a un grupo de jóvenes a encender la llama que dio origen a la revolución francesa. Fue la misma que motivó al neozelandés Edmund Hillary y el sherpa nepalí Tenzing Norgay el 29 de mayo de 1953, a escalar por la vía del collado sur del Monte Everest, cosa que no hemos podido hacer las más de 6 mil millones de personas restantes y que posiblemente nunca haremos debido a los enormes riesgos que representa, a pesar del uso de nuevas tecnologías. Sin embargo, la determinación de estos dos hombres, más que cualquier otra cosa, fue lo que los llevó a lograr esta peligrosa y enorme hazaña.

En contraposición con lo anterior, hoy es muy difícil encontrar personas determinadas. La inconstancia es la constante más común de este siglo. Las personas cada día duran menos tiempo en sus trabajos, en sus matrimonios y en sus negocios. Empiezan con muchos bríos, pero con mucha facilidad desisten, lo que deja mucho que decir de su determinación. La determinación implica tomar una decisión irrevocable de terminar lo que empezamos.

No sé cuál es el gigante que tiene usted al frente, lo cierto es que vencerlo necesitará de su absoluta determinación. Las características de los gigantes son comunes: grandes, bravos, crueles y feos. Se necesita una persona sin ningún tipo de miedo parar poder enfrentarlos y eso es sinónimo de determinación.

Piense en ese gigante y arriésguese a lo peor que pueda pasar. Cierre sus ojos y marche hacia el frente con dos alternativas: o lo vence o él lo vence a usted, pero la retirada nunca debe ser una opción.

La determinación implica tomar una decisión irrevocable de terminar lo que empezamos.

«Nada aclara más la visión y levanta tanto el espíritu como la decisión de seguir adelante cuando estás completamente seguro de que algo es la voluntad del Señor.» —John Paton

Posiblemente, hasta hoy usted no ha logrado lo que se propone o quiere, no por falta de talento, no por falta de entusiasmo o por falta de ayuda. Lo cierto es que si no ha logrado sus grandes objetivos, quiere decir que está directamente vinculado a su determinación. Vince Lombardi, uno de los más grandes managers del football norteamericano, citó una frase que para mí es la descripción más gráfica de la determinación: «Una vez que alguien se decide por un modo de vida, pone toda la fuerza del mundo para llevarlo a cabo. Es lo que se conoce como la fuerza del corazón. Una vez que una persona adquiere dicho compromiso, nada la detendrá hasta alcanzar el éxito». Esa es mi sugerencia para usted en este momento, sobre cualquier cosa que emprenda, haga una decisión irrevocable y séllela con su propio corazón.

Capítulo 6

Armadura 5
La UNCIÓN

Capítulo 6

Armadura 5: La UNCIÓN

«Entonces Jehová dijo: Levántate y úngelo, porque éste es.»

(1 Samuel 16:12)

Por encima de todas las posibilidades humanas para hacer algo, está la soberanía de Dios. Nada se mueve sobre esta tierra sin que el señor al menos lo permita. Todo cuanto hacemos está dentro del orden de Dios. Es por ello que la única forma de ver la hazaña de David es observando qué cosa diferente había en su vida, en relación a todos los demás hombres de ese campamento, y en especial cuál era la característica que lo distinguía de sus hermanos.

La única cosa que tenía David diferente de todos los demás, con excepción de Saúl, era la unción de Dios. David ya había sido ungido por Samuel cuando venció a Goliat. De esta forma vemos que todo lo anterior es una consecuencia de la unción. David no logró vencer al gigante sólo por su determinación o por su persistencia; sus fuerzas, sus planes, estaban acompañados del poder de Dios, el cual guiaba su vida.

La razón fundamental por la que Dios rechazó al rey Saúl fue su desobediencia y su falta de carácter al querer complacer más a las personas que a Dios, quien lo ungió como rey. Al ungirlo, Dios le había otorgado autoridad y la potestad de guiar al pueblo, pero Saúl faltó a la palabra de Jehová, así que Dios se sintió decepcionado por las actuaciones de Saúl. Por esa razón, tomó la decisión de despojarlo del trono y ungir a David en su lugar. Esto quiere decir que estar ungido tiene un precio muy alto que empieza por la obediencia.

Sus mejores planes pueden convertirse en un desastre si el poder de Dios no se envuelve en el asunto.

No importa cuántas cualidades usted tenga, no importa cuál sea su tamaño o su fuerza. Sus mejores planes pueden convertirse en un desastre si el poder de Dios no se envuelve en el asunto: «Si Jehová no edificare la casa, en vano trabajan los que la edifican». *(Salmos 127:1)*

La unción representa el derecho que Dios tiene de

otorgarle autoridad a un hombre para hacer algo. En la antigüedad esto se hacía de manera directa desde Dios al profeta, y del profeta al rey. Esta forma antigua de ungir ya no se usa, aunque muchas iglesias la practican para establecer a sus líderes, lo cual no es malo, pero la manera en que fue ungido Jesucristo marcó una forma distinta de unción sobre los hombres.

En la actualidad la unción generalmente se hace por vía del consenso, de las elecciones o de la apreciación del líder que esté en el lugar a dirigir. Jesús fue ungido por el Espíritu Santo. Cuando Samuel ungió a David como rey de Israel, David era un hombre común y corriente; lo cierto es que no había nada de extraordinario en su vida. De vez en cuando queremos canonizarlo y ponerlo como un hombre ejemplar humanamente hablando, pero si hay algo que Dios quiere mostrar a través de la vida de David, es su divina providencia. Él puede por su gracia tomar a un hombre del campo sin muchos estudios y sin muchas fuerzas y convertirlo en un hombre conforme a su corazón; puede convertirlo en un vencedor de gigantes.

Esta palabra es muy esperanzadora para aquellos que sienten que no tienen oportunidad en la vida. Aquellos que se han rendido y que se ven a sí mismos como seres humanos sin valor y sin perspectiva.

Cada ser humano ha sido dotado de características especiales para realizar un rol en la vida, no obstante, la unción es algo más grande que eso. Por ejemplo, cuando Sansón venció a los mil hombres en Lehi con una quijada de asno, podríamos decir que eso fue algo sobrenatural. *(Jueces 15:14-17)*

La unción, además de la autoridad y la obediencia, está también ligada a la bendición. Muchas veces usted va a trabajar incansablemente intentando lograr un objetivo, sin embargo, apenas lo logre, vendrán inconvenientes que no le dejarán disfrutar lo que ha alcanzado. La Biblia dice que la bendición de Dios es la que enriquece y no añade tristeza con ella. *(Proverbios 10:22)* Esa bendición es un tipo de unción. Es algo que no sólo viene como producto del trabajo —se consigue con el trabajo, el esfuerzo y la dedicación, lo básico y lo natural—, sino que se consigue cuando Dios interviene en nuestras vidas. Pídale a Dios ahora que le de esa bendición sobrenatural para ver en su vida lo que nunca ha visto hasta hoy.

...la bendición de Dios es la que enriquece y no añade tristeza con ella.

Nuestro señor Jesucristo hizo todos los milagros que conocemos, pero él mismo proclamó cuál era el poder que estaba tras él: el poder de la unción. Por eso, expresó: «El Espíritu del Señor está sobre mí, por cuanto me ha ungido...». *(Lucas 4:18)* Fíjese que para lograr todo lo demás, el Señor Jesús apeló a la unción.

Ahora bien, la pregunta que surge con respecto al caso de David es la siguiente: Si David había sido ungido rey, ¿por qué no recibió la corona de inmediato, sino que Dios dejó que criara ovejas por un tiempo? La respuesta a esta pregunta es que a Dios no le gusta la magia. Él tiene un propósito con su vida, pero usted debe caminar hacia ese propósito, de tal forma que las personas que no conozcan a Dios confiesen que Jesucristo es el Señor por la manera en que este actúa en usted.

¿Cuál fue el verdadero poder que acompañó a David en su lucha? El poder de la unción. Posiblemente usted no encuentre cerca un pastor o un líder que lo unja, pero debo decirle que bajo cualquier circunstancia, cuando vaya a emprender una nueva obra, busque la voluntad de Dios. Trate de que sea él por medio de su Santo Espíritu que le confiera las fuerzas y la sabiduría para salir adelante.

De todo esto podemos aprender lo siguiente:

Nº.1 - Pedir la unción es pedir la autoridad y la bendición de Dios

¿Por qué hay personas que triunfan en los negocios y otras no? En todas las áreas de la vida, unos son exitosos y otros son un rotundo desastre. Yo pienso que eso tiene mucho que ver con la unción. Tienen que ver con no tener en cuenta a Dios en lo que hacemos y sólo confiar en nuestro talento. Ciertamente hay muchos hombres y mujeres que prosperan aun sin tomar en cuenta a Dios, sólo que tarde o temprano esa prosperidad se desvanecerá y su florecimiento se secará como la hierba del campo. El mismo estilo de vida que adoptan luego de recibir la bendición, hace que vayan directo al fracaso en muchas áreas de la vida.

Las personas más talentosas del universo pasan por desapercibidos a los ojos de la humanidad, básicamente por confiar sólo en su talento o en sus fuerzas. Saúl es un ejemplo de ello; él era el rey cuando David venció a Goliat. A diferencia de David, Saúl era fuerte, poderoso y muy apuesto; David era pequeño y se desempeñaba como un simple pastor de ovejas. Posiblemente Saúl confió más en su fuerza personal que en la unción que Dios había establecido sobre él. Esto es muy interesante porque denota también que podemos recibir la unción, pero con nuestras actitudes, hacer que nos abandone.

Saúl cometió un grave error delante de Dios y de Samuel. Quiso ofrecer sacrificio a Jehová para que lo bendijera en un enfrentamiento que iba a tener contra los filisteos, pero en vez de esperar al sacerdote, —en ese momento Samuel—, para ofrecerlo como le instruían las leyes de Dios, Saúl se desesperó. Al ver que Samuel se tardaba, actuó en contra de las instrucciones que Dios le había dado anteriormente a través del mismo sacerdote. *(1 Samuel 13)* Esta es una muestra de la que la unción no es un acto mágico que nos protege de todo. Además de tener la bendición de Dios, debemos valorar el hecho de que Dios nos ha dado esa bendición. De vez en cuando nos enfocamos más en la bendición que en el Dios que nos ha bendecido. También es una muestra de que al pedir la unción, debemos estar dispuestos a esperar el tiempo de Dios para recibirla.

Por encima de la unción como tal, está la obediencia y el agradecimiento. Saúl buscó la unción de Dios a través de su sacrificio, para ganar la batalla, pero se le olvidó que ya Dios lo había ungido y que lo que debía hacer era conducirse de acuerdo con lo que se le había instruido. Estaba más enfocado en su reputación que en obedecer a Dios. «Y Saúl dijo: He pecado, pero te ruego que me honres ahora delante de los ancianos de mi pueblo y delante de Israel y que regreses conmigo para que yo adore al Señor tu Dios.» *(1 Samuel 15:30)*

...para que usted pueda recibir unción debe tener un corazón íntegro delante de Dios.

La unción es una garantía de que Dios está acompañándonos en el proceso, no porque lo hemos ganado o porque al ser ungidos poseemos una protección antibalas independientemente de lo que hagamos, sino por dos razones fundamentales: Primero, porque la tenemos, y segundo, porque estamos bajo la obediencia de ella. Por encima de todo Dios es justo y no puede mantener intacta a una persona que hace un uso inadecuado de su gracia. Dios es fiel, pero también es justo. Cuando usted pide la unción de Dios se está encomendando por completo a él y le está pidiendo que le permita administrar poder. Por esa razón para que usted pueda recibir unción debe tener un corazón íntegro delante de Dios.

Pedir la unción de manera equivocada y para fines incorrectos es algo que indigna el corazón de Dios. En Hechos 8:5-22 hay un ejemplo de esto. Un hombre llamado Simón observaba cómo los apóstoles impartían unción por la imposición de sus manos, así que la quiso recibir también. Dijo: «Dadme también a mí este poder, para que cualquiera a quien yo impusiere las manos reciba el Espíritu Santo. Entonces Pedro le dijo: Tu dinero perezca contigo, porque has pensado que el don de Dios se obtiene con dinero. No tienes tú parte ni suerte en este asunto, porque tu corazón no es recto delante de Dios».

Lo que es imposible hacer en nuestra propia fuerza, a través de la unción llega a ser posible. El profeta Isaías nos dice que a causa de la unción el yugo se pudre. Cuando pedimos a Dios su cobertura, y actuamos en consecuencia de lo que hemos recibido, en cierta forma nos estamos liberando de un yugo. Isaías 10:27 dice: «Acontecerá en aquel tiempo que su carga será quitada de tu hombro, y su yugo de tu cerviz, y el yugo se pudrirá a causa de la unción». David lo sabía muy bien, y por eso en el Salmo 51:10-11 hace una petición: «Crea en mí, oh Dios, un corazón limpio, y renueva un espíritu recto dentro de mí. No me eches de delante de ti, y no quites de mí tu Santo Espíritu».

Nº. 2 - Pedir la unción es pedir sabiduría

Salomón fue el rey más rico y sabio, pero él no pidió ni riquezas ni bienes, pidió la unción para dirigir con sabiduría a un pueblo y poder juzgarlo adecuadamente.

Así que no debemos confundirnos con eso. Cuando se trata de dirigir a personas, no hay quien lo sepa todo. Al ser ungidos tenemos la garantía de que Dios está envuelto en lo que estamos haciendo. Él nos equipa para realizar la labor asignada.

Cada momento de su vida, usted tendrá que tomar decisiones donde no tendrá mucho tiempo ni información, por lo que va a necesitar sabiduría. Recuerdo que cuando empecé mi MBA, el primer día de clases el profesor de administración nos dijo: «Han venido aquí para aprender a tomar decisiones». En realidad en ese momento no relacioné nada de lo que dijo con la maestría; creí que iba a aprender cómo realizar grandes operaciones, hacer cálculos financieros, invertir en la bolsa de valores; pero el profesor simplemente hablaba de tomar decisiones. Y es que la toma de decisiones será uno de los roles más difíciles en la vida de un líder y de un vencedor de gigantes. Si usted no puede tomar decisiones importantes, usted nunca se convertirá en una persona de trascendencia. Es por ello que debe pedir constantemente que Dios lo unja y le dé su sabiduría para tomar decisiones.

Nº. 3 - Pedir la unción es pedir la gracia para aguantar

A todo líder le toca un día en la fibra más íntima el deseo de renunciar y dejarlo todo. Eso llega una y otra vez, hasta que algunos lo hacen sin medir las consecuencias. También sucede que puede llegar el deseo de simplemente hacer todas las cosas a su modo sin pensar en lo que puede venir detrás.

La única forma de soportar la presión del liderazgo y sobrevivir adecuadamente a ella es a través de la gracia que Dios nos da para soportar las incongruencias de la vida y para dejar de lado las críticas de los demás.

La manera en cómo nos conducimos para alcanzar nuestros objetivos es tan importante como la obtención de los mismos.

Saúl se sintió presionado por el pueblo y por los filisteos que ya iban subiendo al lugar de la batalla. Quiso tomar el asunto en sus manos confiando en sus propias decisiones. Cualquiera diría que si estaba ungido y la unción es sinónimo de autoridad, ¿por qué Dios lo desechó si sólo hacía uso de lo que se le había otorgado? Bueno, la razón es que Saúl actuó basado en sus propios criterios y bajo la presión de los hombres que estaban a su alrededor. Saúl pudo haber demostrado más confianza en Dios; después de todo, si él le dio el poder ¿por qué no esperar? ¿Acaso el mismo Dios que lo ungió no le daría la victoria en la batalla? ¿Por qué no hacer lo que Dios le instruyó a hacer si él fue quien le dio el poder sobre el pueblo? Esto nos permite ver que nuestro verdadero carácter se demuestra bajo presión. La manera en cómo nos conducimos para alcanzar nuestros objetivos es tan importante como la obtención de los mismos. Es por ello que Samuel le dice luego de cometer ese error: ¿Se complace Dios más en los sacrificios que en la obediencia? *(1 Samuel 15:22)*

La vida de Saúl sufrió un gran deterioro a medida que iba cediendo a las diferentes presiones en el liderazgo. En 1er Samuel 15:24 Saúl confiesa: «Yo he pecado; pues he quebrantado el mandamiento de Jehová y tus palabras, porque temí al pueblo y consentí a la voz de ellos». Saúl pidió perdón, pero al parecer esa solicitud de perdón estaba muy ligada a la vergüenza que iba a sufrir y a lo que iban a pensar los demás luego que fuera quitado del trono, ya que estaba muy acostumbrado a las alabanzas.

La gente que nos rodea dirá siempre muchas cosas y tratarán de convencernos de hacer lo que ellos creen que debemos hacer. David, contrario a Saúl, era un líder que inspiraba confianza. No importaba cuándo ni cómo ni dónde, David era seguido por aquellos que le rodearon y aun por el pueblo con un gran sentido de compromiso, a pesar de los muchos errores que cometió a lo largo de su vida, pues ciertamente cometió errores. Sin embargo, era un hombre de sensibilidad. Tan distintos eran, que a pesar de que Saúl lo persiguió para matarlo, David nunca levantó la mano en contra de Saúl, porque respetaba el hecho de que había sido el ungido de Dios.

Nº. 4 - Pedir la unción es pedir la capacidad de influir

Un líder está determinado por el nivel de influencia que tiene sobre los demás, y una de las cosas más difíciles de la vida es lograr que otros actúen por nuestra influencia sobre ellos.

Cuando tenemos esa unción, eso ocurre con tanta naturalidad que usted no se dará cuenta. Personas de mucho mayor perfil académico que usted estarán sorprendidas por la forma en que conduce actividades, reuniones o equipos. Es algo sobrenatural. Bajo condiciones normales una persona con un alto nivel no se deja dirigir por otro de bajo nivel, pero cuando la unción está presente, las cosas suelen ser diferentes. Hay una gracia especial en algunos hombres que resulta inexplicable a la vista humana.

Cada uno de nosotros puede influenciar e impactar a los demás, ya sea positiva o negativamente. Es una pregunta que cada persona, sobre todo si es un líder, debe hacerse: ¿Hasta qué punto y de qué manera estoy influyendo positivamente en la vida de los demás? A medida que nuestra influencia aumenta, en esa misma medida aumenta nuestro liderazgo. Jesús fue el ejemplo por excelencia de la influencia, y la voluntad de Dios es que todo hombre y mujer abunde en buenas obras: «Y poderoso es Dios para que abunde en vosotros toda gracia, a fin de que, teniendo siempre en todas las cosas todo lo suficiente, abundéis para toda buena obra». *(2 Corintios 9:8)* Pida a Dios una unción y una gracia especial para influir en otros.

Nº. 5 - Pedir la unción es pedir el valor para vencer a gigantes

Cuando se trate de hacer cosas grandes usted va a necesitar valor. Es imposible hacer algo grandioso si no se tiene coraje. Sin embargo, el coraje no siempre está dentro de nosotros. En cuanto David se convirtió en el rey de Israel (primero en la parte de Judá y luego sobre la otra parte del reino), expulsó a los filisteos del reino y les impuso una carga tributaria.

Para actuar se necesita valentía y coraje, no basta sólo tener los conocimientos. David no se limitó a ver el tamaño del gigante. La valentía y coraje que emanaban de David estaba cimentada en una confianza especial en alguien sobrenatural. El secreto de su seguridad estaba íntimamente ligado a su comunión con Dios. Lo mismo puede decirse del profeta Daniel, que al ser lanzado en el foso de los leones no tuvo temor porque sabía en quien estaba confiada su vida.

Para actuar se necesita valentía y coraje, no basta sólo tener los conocimientos.

Cuando hablo de valentía no me refiero al hecho físico de defenderse o ganar una pelea. El valor al que me refiero es aquel que implica una disposición o actitud; es la fuerza de voluntad para llevar a cabo una acción a pesar de los obstáculos. David estaba claro en que Dios era quien le daba la unción y el valor para enfrentar a Goliat; por eso dijo: «Tú vienes a mí con espada y lanza y jabalina; más yo vengo a ti en el nombre de Jehová de los ejecitos, el Dios de los escuadrones de Israel, a quien tú has provocado». *(1 Samuel 17:45)*

Cuando nos acercamos genuinamente a Dios podemos recibir departe de él el valor y la unción para enfrentar cosas que jamás pensamos. ¿Tenemos la valentía de poder luchar y ganar al gigante que tenemos en frente?

¿Tenemos la fuerza de poder pelear y ganar a la crisis y a los pronósticos de fracaso que los demás establecen sobre nosotros? Realmente con nuestra propia capacidad puede que no nos alcance. Saúl es un ejemplo de ello; cuando escuchó las palabras del gigante tanto él como el pueblo tuvieron miedo. Saúl no confesó que Dios estaba con él, pero David sí lo hizo.

No sé cuál es la idea o posición que usted pueda tener acerca de Dios; ahora bien, puedo decirle una cosa segura: Dios es quien da la unción y sólo podremos ver a Dios a través de la fe, porque si no hay fe, es imposible agradarle, y por ende, no será mostrado su poder en nuestras vidas.

Mi deseo es que su vida, la de su familia, su negocio y todo lo que toque, reciba de parte de Dios un poder sobrenatural para el crecimiento, para la expansión y para la sanidad.

Capítulo 7

Armadura 6
La ALABANZA

Capítulo 7

Armadura 6: La ALABANZA

Los vencedores de gigantes son personas que conservan una actitud positiva aun en medio de la desgracia.

-Dío Astacio

Sólo hay dos formas de vivir tu vida: Una es pensar que nada es un milagro; la otra es pensar que todo es un milagro.

-Albert Einstein

La actitud con la que asumimos los problemas en la vida es fundamental. Una persona de fe habrá de entender que, pase lo que pase, Dios está en control. La alabanza, más que un acto, es una actitud, es la manera como nos sentimos en relación a Dios. Al alabar a Dios, mostramos agradecimiento por su obra en nuestras vidas.

Una de las actitudes fundamentales de David, el vencedor de gigantes, era la forma en que adoraba a Dios. David escribió la mayoría de los Salmos. Los Salmos son una fuente por excelencia para alabar a Dios. Por ejemplo, en Salmos 91, David dice: «El que habita al abrigo del Altísimo morará bajo la sombra del omnipotente». Esta es una fuente de esperanza para todos aquellos que se acercan al Señor y confían en él.

Una de las actitudes fundamentales de David, el vencedor de gigantes, era la forma en que adoraba a Dios.

Después de David ser ungido rey, hizo su primera aparición en el palacio real en medio de una situación turbulenta. El rey Saúl estaba pasando por un momento espiritual muy complejo. Un espíritu malo le estaba atormentando, y esto provocaba reacciones desagradables en la vida de Saúl. Fue entonces cuando sus criados le aconsejaron buscar a un adorador, alguien que tocara el arpa y con su música adorara a Dios para alejar a estos espíritus.

Si usted observa, el espíritu que atormentaba a Saúl venía de parte de Dios: «El Espíritu de Jehová se apartó de Saúl, y le atormentaba un espíritu malo de parte de Jehová». *(1 Samuel 16:14)* Cuando ese espíritu venía sobre Saúl, David tomaba el arpa y tocaba con su mano, y dice la Biblia que Saúl tenía alivio y mejoría porque el espíritu malo se apartaba de él. *(16:23)* Esto nos deja ver que los espíritus atormentadores se alejan cuando se alaba a Dios.

Salmos 37:4-6 dice: «Deléitate asimismo en Jehová, y él te concederá las peticiones de tu corazón. Encomienda a Jehová tu camino y confía en él; y él hará. Exhibirá tu justicia como la luz, y tu derecho como el mediodía». La alabanza consiste en adoptar la actitud de poner nuestras angustias en manos de Dios. Es muy común que cuando las personas están pasando por momentos de dificultad, en lugar de asumir una actitud de gratitud y de entusiasmo para enfrentar la situación, se quejen de su desdicha, lo cual es también quejarse de Dios. Generalmente dicen cosas como: no vale la pena seguir adelante. Hay un Salmo que expresa un sentimiento parecido: «En cuanto a mí, casi se deslizaron mis pies; Por poco resbalaron mis pasos. Porque tuve envidia de los arrogantes, viendo la prosperidad de los impíos». *(Salmos 73:2-3)* Esa es la actitud del que fracasa, concentrarse en el éxito ajeno.

Cuando sacamos la mirada de nuestros objetivos y perdemos la esperanza, entonces nos amargamos y nos victimizamos. Muhammad Ali dijo: «No cuento todos los abdominales que hago. Yo sólo cuento cuando empiezan a dolerme porque esos son los que realmente cuentan, los que me hacen ser el campeón que soy». Ver el dolor como un símbolo de crecimiento es una actitud de campeón, ver el dolor como un castigo, como algo inmerecido, es una actitud de víctima y las víctimas no vencen a gigantes, lloran ante ellos.

David demostró con el tiempo su placer por alabar a Dios y su actitud de mantenerse constantemente dando gloria a él por todo cuanto pasaba en su vida. La alabanza debe estar basada en una aceptación de las circunstancias que nos rodean como parte de la voluntad perfecta de Dios, mostrando además agradecimiento, ya sean malas o buenas, pues al darle la gloria que como Dios él merece, reconocemos su poder para obrar y esperamos que algo bueno ocurra.

La alabanza debe estar basada en una aceptación de las circunstancias que nos rodean como parte de la voluntad perfecta de Dios.

Para vencer a gigantes no podemos mantener una actitud de queja constante ni andar responsabilizando a las circunstancias o a los demás de todo lo que nos afecta. Según el doctor Gary Chapman en su libro *El Matrimonio: Pacto y Compromiso*, hablando sobre los estilos de comunicación en el matrimonio y las influencias de las experiencias, *(págs. 61-72)* esttas conductas de victimización y queja dependerán básicamente de la interpretación de los hechos y esta interpretación dependerá de las pasadas experiencias. Si esas experiencias se interpretan como un castigo, como una maldición o como mala suerte, entonces siempre que algo negativo acontezca, la interpretación que se dará es la que tiene que ver con factores externos, por tanto, nunca la persona se atreverá a reflexionar sobres su conducta, sobre sus errores y sus decisiones, a fin de corregir el error y salir adelante. Sin embargo, cuando se ven las cosas desde el punto de vista de la soberanía de Dios, entonces la persona podrá reflexionar sobre sus decisiones y entender en cuáles de ellas Dios no estuvo de acuerdo.

La alabanza nos hace espiritualmente sensibles y nos ayuda a romper las barreras que nos limitan. A través de la alabanza declaramos la guerra al mal y a todo lo que quiere evitar que las bendiciones de Dios fluyan en nuestra vida.

CINCO ATRIBUTOS DE PERSONAS CON ACTITUD DE ALABANZA

Hay cinco grandes atributos que acompañan una vida de alabanza y podemos verlos en la vida de David.

Nº. 1 - Una persona con actitud de alabanza, es conforme al corazón de Dios.

En varias ocasiones la Biblia dice que David fue un hombre conforme al corazón de Dios. Hay muchas interpretaciones sobre el por qué de estas palabras. Sin embargo, no hemos llegado a nada concreto al respeto. Lo que sí es cierto es que más que cualquier otra cosa en la vida, David mantenía la confianza en Dios en todo tiempo.

David siempre tuvo pendiente mantener un espíritu de alabanza aun en medio de sus peores desgracias. Eso quiere decir que era un hombre con mucha fe, y si aceptamos que sin fe es imposible agradar a Dios, entonces lo contrario debe ser cierto. Por ejemplo, unos de sus Salmos expresa la siguiente frase: «¡Oh Jehová, Señor nuestro, cuán glorioso es tu nombre en toda la tierra! Has puesto tu gloria sobre los cielos; De la boca de los niños y de los que maman, fundaste la fortaleza, a causa de tus enemigos, para hacer callar al enemigo y al vengativo. Cuando veo tus cielos, obra de tus dedos, la luna y las estrellas que tú formaste, digo: ¿Qué es el hombre, para que tengas de él memoria, y el hijo del hombre, para que lo visites?». *(Salmos 8:1-4)*

David siempre tuvo pendiente mantener un espíritu de alabanza aun en medio de sus peores desgracias.

Es imposible que una persona piense de esta forma y no agrade el corazón de Dios. ¿Por qué una persona que alaba a Dios es conforme al corazón de Dios? ¿Acaso Dios es un ególatra, narcisista que necesita que usted y yo le adoremos? Lo cierto es que hay mucho misticismo y mucho marketing alrededor de la alabanza.

Veamos un ejemplo: Imagínese que usted tiene un empleado en su casa, ese empleado es poeta, y todos los días le escribe un poema diciendo lo buen jefe que es usted y cuán contento está con el hecho de que usted lo dirija. Pero sucede que este empleado debe limpiar el césped, pulir el piso y bañar los perros, pero no cumple con ninguna de sus tareas. ¿Cómo interpretaría usted los poemas que su empleado le escribe y las alabanzas que le da al llegar a casa?

Ahora veamos otro ejemplar similar: Imaginemos que usted tiene otro empleado que es sumamente fiel a todas sus tareas, pero ocurre que cuando hay algún percance esta persona adopta una actitud de amargura y de queja la cual usted escucha con mucha frecuencia y mucho dolor. Este empleado mantiene una queja constante; se queja del jabón que falta, de los materiales que no hay en la casa y así sucesivamente. ¿Estará usted contento con ese empleado sólo porque hace todos sus deberes? Partiendo de estas ilustraciones, podemos concluir que un patrón está contento con una persona que hace ambas cosas: hace lo que le corresponde y lo hace con buen ánimo y gratitud por la oportunidad que usted le ha brindado de trabajar a su lado.

Si hay algo que resulta bastante incómodo y desagradable en la vida laboral y en sentido general, son estas dos actitudes: Una persona que se queja de todo lo que ocurre y otra que adula incesantemente sin hacer algo de importancia. Ambas, son altamente desagradables para los líderes. De la misma manera, Dios se disgusta con aquel que sólo le alaba pero no hace nada por su obra o por los demás, y aquel que haciendo todo lo correcto vive una vida de quejas e ingratitud.

David era un hombre conforme al corazón de Dios porque en todo tiempo mantenía su alabanza y una actitud de esperanza ante el Dios que lo ungió. Esto fue lo que Samuel le dijo a Saúl al informarle que Dios lo había desechado y cortado del trono de Israel: «Más ahora tu reino no será duradero. Jehová se ha buscado un varón conforme a su corazón, al cual Jehová ha designado para que sea príncipe sobre su pueblo, por cuanto tú no has guardado lo que Jehová te mandó». *(1 Samuel 13:14)* Ese hombre evidentemente era David, y lo cierto es que todos los Salmos escritos por él, muestran su enorme gratitud y confianza en el Dios de su salvación.

Nº. 2 - Una persona con actitud de alabanza tendrá su mente fresca para la toma de decisiones.

Es indiscutible que al mantener una actitud de dar gracias por todo, entonces podremos tomar mejores decisiones. Abraham Lincoln, dijo: «No le temas al fracaso, que no te hará más débil, sino más fuerte». No importa el tipo de decisión que sea, una simple decisión podría significar el éxito o el fracaso de lo que emprendemos. Las peores decisiones son tomadas en momentos de ira y de frustración, pero las personas que están alabando a Dios no pueden estar airadas.

Cada vez que tenemos que tomar una decisión tenemos que meditarla, no importa cuál sea la envergadura de esta. La alabanza nos provee meditación. Si tomamos una decisión cuando estamos tensos, preocupados o nerviosos, es casi seguro que tomemos una mala decisión, a menos que haya un ingrediente de suerte.

Para tomar sanas decisiones es necesario no dejarse llevar por las emociones. Pepín Corripio, uno de los empresarios más ricos de la República Dominicana, dice que al momento de tomar una decisión lo mejor no siempre es lo correcto, puesto que lo mejor de hoy no necesariamente es lo mejor de mañana. Por lo tanto, es mejor recuperar la tranquilidad y luego tomar la decisión. *(Grupo Corripio, 2011)*

Al meditar en Dios, nos damos cuenta de su poder y de que él tiene control de todo, por tanto el apresuramiento desaparece porque los espíritus malos se alejan y llegamos a un tiempo de tranquilidad y confianza.

Nº. 3 - Una persona con actitud de alabanza adquiere las fuerzas para vencer a sus enemigos.

Cuando fui empleado en el mundo de los negocios pude experimentar que en esta sociedad en que vivimos hay mucha competencia, y con ella se genera una gran cantidad de enemistades. De hecho, hay personas que suelen declararse nuestros enemigos de manera abierta. Aunque usted crea que es un ser humano excepcional, tendrá enemigos o al menos personas que le hacen la vida difícil en su trabajo, en su familia, en su vecindario o en cualquier ámbito social en el que usted se desenvuelva.

Cuando el Señor Jesús dijo que debemos caminar una milla extra o que debemos darle la capa al que quiere la túnica, se refería a que debemos ir más allá de donde nos corresponde ir. Desde la perspectiva bíblica, la alabanza vence más enemigos que la fuerza.

En ocasiones he puesto mi confianza en los hombres, en amigos, en rangos militares, en políticos y en todo tipo de persona que me pueda ayudar en términos humanos; sin embargo, he visto como todo esto se convierte en nada, a menos que haya buen beneficio económico para alguien. Muy por el contrario, cuando he recurrido a Dios, he visto como me ha ayudado a salir de problemas que para mí eran imposibles de resolver, y me ha demostrado que mantener una actitud de alabanza en medio de cualquier circunstancia es la manera más efectiva de lidiar con mis oponentes.

Desde la perspectiva bíblica, la alabanza vence más enemigos que la fuerza.

Un maravilloso ejemplo del poder que hay en la alabanza lo encontramos en 2do Crónicas capítulo 20. Cuando el pueblo de Israel fue atacado por los moabitas y amonitas, el rey Josafat mandó a sus guerreros a alabar el nombre de Dios y a todo el pueblo a proclamar ayuno. El humilló su rostro para consultar a Dios acerca de la batalla. Llamó entonces del pueblo a cantores que entonaran alabanzas y lo que esta alabanza provocó fue una confusión tal entre los enemigos, que terminaron destruyéndose unos con otros de entre ellos mismos: «Y cuando comenzaron a entonar cantos de alabanza, Jehová puso contra los hijos de Amón, de Moab, y del monte de Seir, las emboscadas de ellos mismos que venían contra Judá, y se mataron los unos a los otros. Y todo Judá y los de Jerusalén, y Josafat a la cabeza de ellos, volvieron para regresar a Jerusalén gozosos, porque Jehová les había dado gozo librándolos de sus enemigos». *(2 Crónicas 20: 22-23)*

El rey David, además de ser un vencedor de gigantes, se destacó como músico, poeta y escritor. De los Salmos compilados en la Biblia, 73 se le atribuyen a él y algunos incluso indican la ocasión en que fueron escritos. Claro que la alabanza no se refiere sólo al hecho de cantar himnos y canciones a Dios —El cántico es sólo una manera de manifestarla—; la actitud de alabanza de la que estoy escribiendo es aquella que reconoce que Dios es quien tiene la autoridad, el poder y toda la gloria. Es reconocer quién es Dios y su fuerza.

David adoraba a Dios en todo tiempo y en todo lugar: en el campo cuidando las ovejas, *(Salmos 23)* en medio de la batalla con Goliat *(1 Samuel 17:47)* o en una cueva huyendo de sus enemigos. *(Salmos 18)* Es evidente que David conoció el poder de la alabanza.

Nº. 4 - Una persona con una actitud de alabanza puede estar gozoso aun en medio de las dificultades y la agonía.

Cuando se recibe una mala noticia o las cosas no salen como se esperan, el sentimiento más común que invade a los seres humanos es la frustración. Así que estar frustrados es algo que sucede muy a menudo. Sentirnos decepcionados de la vida, de las personas, de los resultados, aún de nuestro propio cuerpo, son respuestas emocionales que de vez en cuando se presentan. Hoy en día se habla en psicología de la tolerancia a la frustración. Una persona con alta tolerancia puede manejar sus frustraciones, sabe que las cosas negativas suelen suceder; pero una persona de baja tolerancia siente que lo que le sucede es intolerante e insostenible, relacionando la frustración con una errónea percepción de la situación que vive, por lo tanto, cree que no hay salida.

La frustración trae consigo depresión, ansiedad, angustia, victimismo, ira y constantes quejas acerca de lo que nos produce el desagradable estado emocional. Además, a través de los años hemos podido ver que aquellas personas que no tienen control sobre sus emociones, los que más se quejan y los de peor actitud, son aquellos que más se enferman, los que más sufren y hacen sufrir a otros Las emociones negativas pueden llegar a desencadenar una enfermedad.

Las emociones negativas pueden llegar a desencadenar una enfermedad.

Hace unos días recibí un email que decía que el famoso escritor mexicano Armando Fuentes Aguirre (Catón) demandaba a la revista Fortune por no considerarlo entre los hombres más ricos del mundo. En ese email él decía lo siguiente:

«Me propongo demandar a la revista Fortune, pues me hizo víctima de una omisión inexplicable. Resulta que publicó la lista de los hombres más ricos del planeta, y en esta lista no aparezco yo. Aparecen, sí, el sultán de Brunei, aparecen también los herederos de Sam Walton y Takichiro Mori. Figuran ahí también personalidades como la Reina Isabel de Inglaterra, Stavros Niarkos, y los mexicanos Carlos Slim y Emilio Azcárraga. Sin embargo, a mí no me menciona la revista, y yo soy un hombre rico, inmensamente rico. Y si no, vean ustedes: tengo vida, que recibí no sé por qué; y salud, que conservo no sé cómo. Tengo una familia, esposa adorable que al entregarme su vida me dio lo mejor de la mía; hijos maravillosos de quienes no he recibido sino felicidad; nietos con los cuales ejerzo una nueva y gozosa paternidad. Tengo hermanos que son como mis amigos, y amigos que son como mis hermanos. Tengo gente que me ama con sinceridad a pesar de mis defectos, y a la que yo amo con sinceridad a pesar de mis defectos. Tengo cuatro lectores a los que cada día les doy gracias porque leen bien lo que yo escribo mal. Tengo una casa, y en ella muchos libros (mi esposa diría que tengo muchos libros, y entre ellos una casa). Poseo un pedacito del mundo en la forma de un huerto que cada año me da manzanas que habrían acortado aun más la presencia de Adán y Eva en el Paraíso. Tengo un perro que no se va a dormir hasta que llego, y que me recibe como si fuera yo el dueño de los cielos y la tierra. Tengo ojos que ven y oídos que oyen; pies que caminan y manos que acarician; cerebro que piensa

> *cosas que a otros se les habían ocurrido ya, pero que a mí no se me habían ocurrido nunca. Soy dueño de la común herencia de los hombres: alegrías para disfrutarlas y penas para hermanarme a los que sufren. Y tengo fe en Dios que guarda para mí infinito amor. ¿Puede haber mayores riquezas que las mías? ¿Por qué, entonces, no me puso la revista Fortune en la lista de los hombres más ricos del planeta? ¿Y tú, cómo te consideras? ¿Rico o pobre?».* (El Nacional de Santo Domingo, 2001)

Armando Fuente Aguirre es un periodista mexicano de mucha trayectoria. Su labor periodística se extiende a más de 150 diarios mexicanos. No sé si el señor Fuentes Aguirre tiene alguna tendencia religiosa, pero lo que sí sé es que este es un acto que agrada a Dios, pues a través de esta publicación ha reconocido cuáles son las cosas importantes de la vida y da gracias a Dios por ellas.

A Dios no le gustan las quejas, la ingratitud y las constantes críticas. Fue algo que le reprochó al pueblo de Israel. En Salmos 95:8-9 dice: «No endurezcáis vuestro corazón, como en Meriba, como en el día de Masah en el desierto, donde me tentaron vuestros padres, me probaron, y vieron mis obras».

¿Qué cosa tan grande pasó en esa ocasión que la Biblia cita tanto, y dice una y otra vez que no hagamos como pasó en aquel lugar? Bueno, lo que sucedió fue que el pueblo se quejó abiertamente de Dios y de Moisés, y vio el estado de libertad como un estado peor al estado de esclavitud que habían vivido en Egipto. Éxodo 17:3 relata el suceso: «Así que el pueblo tuvo allí sed, y murmuró contra Moisés, y dijo: ¿Por qué nos hiciste subir de Egipto para matarnos de sed a nosotros, a nuestros hijos y a nuestros ganados?». Esta es la actitud con la que tengo que trabajar todos los días. Son cientos de personas las que viven angustiadas, pensando en que es mejor quejarse que ser agradecido. Piensan que las quejas lo llevarán a alguna parte. Aquel que mantiene una actitud de gozo en medio de la dificultad, es una persona con espíritu de alabanza.

Aquel que mantiene una actitud de gozo en medio de la dificultad, es una persona con espíritu de alabanza.

Es penoso que personas que decimos conocer a Dios nos quejemos tanto. En lo personal confieso que antes de llegar a este punto, he sido una persona con una enorme capacidad de queja. Me he quejado por muchas cosas en la vida; no por las grandes cosas, pero sí por las pequeñas. He podido soportar situaciones muy difíciles, sin embargo, ante situaciones pequeñas me he quejado por el error cometido, por las actitudes de mi familia, y por pequeñeces que pudieron ser resueltas con un poco de paciencia y fe.

Pienso que mantener una actitud de alabanza, además de agradar a Dios, nos hace ver lo mejor de la vida, ver la parte buena de las cosas. Es algo que a Dios debe gustarle. Yo creo que una persona que se expresa con agradecimiento a Dios, guarda más respeto por él que aquel que diciendo conocerle vive una vida de eterna queja e insatisfacción.

Al concluir este punto, he hecho el pacto de no quejarme nunca por nada, sino de dar gloria a Dios en todo momento y de asumir una actitud de alabanza en todo lo que enfrente en la vida, teniendo la confianza de que sea grande o pequeña la situación por la que esté pasando, haré mi mayor esfuerzo para adoptar una actitud de alabanza; pues estoy convencido de que alabar a Dios, más que cantar o entonar un himno, es el gozo que se produce en mi interior por lo que vivo cada día, con las cosas que Dios trae a mi vida, sean cuales sean.

Nº. 5 - Una persona con una actitud de alabanza lleva ánimo a los que le rodean.

Una empresa, casa, iglesia, comunidad, equipo o cualquier conglomerado, siempre tendrá en su seno varios tipos de personas: los que trabajan y los que no trabajan; los que animan y los que desaniman; los que aportan y los que critican. Entre todas las personas de un equipo hay dos que son los menos deseados, no importa cuán excepcionales sean: los que critican y los que desaniman.

Cuando usted asume una actitud de alabar a Dios en medio de una dificultad, usted lleva ánimo a los demás. Las personas que están pasando por un momento difícil necesitan de alguien que los motive, que los lleve a ver la vida con mayor optimismo. Necesitan a alguien que les haga entender que todo no está perdido y que hay esperanza.

De nuevo quiero enfatizar que alabar a Dios no puede ser un acto que se circunscriba a un momento y a un lugar. La alabanza es una actitud ante la vida y si los demás ven que nuestra actitud es pobre, quejumbrosa y desanimada, ¿cree usted que ellos querrán a un Dios que convierte a las personas en seres amargados como nosotros?

Cuando usted asume una actitud de alabar a Dios en medio de una dificultad, usted lleva ánimo a los demás.

La alabanza es lo que damos a Dios cada día. Lo hacemos para que los demás conozcan el poder y la soberanía de Dios y se mantengan confiados en que él está a su lado, y que no habríamos estado de pies si Dios no hubiese estado con nosotros. Una actitud de alabanza la encontramos en Job cuando dijo: «Jehová dio, Jehová quitó, sea el nombre de Jehová bendito». *(Job 1:21)* Esto nos muestra que la actitud de aquel que reconoce a Dios en su dimensión es un ser humano agradecido que reconoce sus limitaciones y debilidades, por lo que se siente privilegiado de poder contar con un Dios de bondad y de poder.

Cuando sus conocidos le ven llegar ¿qué reacción tienen?

¿Se sienten felices de verle o simplemente buscan la forma de alejarse de usted? Una persona con una actitud de alabanza, debe ser alguien que tenga el compromiso de afirmar y animar a aquellos que están decaídos. Juan Alejandro Mané es un pastor de la Alianza Cristiana y Misionera, concilio al que pertenezco; es un gran amigo y hermano. A cualquier lugar donde Mané llegue, las personas serán conmovidas y retadas a levantar su ánimo, esto porque su alabanza a Dios está de continuo en su boca y retumba desde lejos; todos los que se encuentran con él, por más desanimados que estén, se llenan de su optimismo y buen humor. Creo que él cumple lo que en Isaías 35:3-4 se expresa: «Fortaleced las manos cansadas, afirmad las rodillas endebles. Decid a los de corazón apocado: Esforzaos, no temáis; he aquí que vuestro Dios viene con retribución, con pago; Dios mismo vendrá, y os salvará».

Una persona con una actitud de alabanza, debe ser alguien que tenga el compromiso de afirmar y animar a aquellos que están decaídos.

David fue un hombre que venció a gigantes. Pasó gran parte de su vida fuera del templo. La mitad de sus días transcurrió en la guerra; fue un guerrero de principio a fin. Para él era importante estar en la casa de Dios, *(Salmos 84:10)* pero debido a sus ocupaciones de rey, no tenía mucho tiempo. ¿Cómo pudo entonces tener una vida de alabanza conforme a los estándares actuales de la adoración y la alabanza que tenemos en las congregaciones? Pudo vivir esa vida de alabanza porque su alabanza estaba en todo lugar. Su alabanza transmitió ánimo a sus soldados y a su pueblo y demostró el poder a sus enemigos. Sus palabras en el libro de los Salmos, capítulo 3, lo reflejan: «Oh Jehová, muchos son mis adversarios, muchos son los que se levantan contra mí; Mas tú, oh Jehová, eres escudo alrededor de mí; Mi gloria y el que levanta mi cabeza».

Capítulo 8

Armadura 7

La PERSISTENCIA

Capítulo 8

Armadura 7: La PERSISTENCIA

Derribar a un gigante con una piedra requiere determinación, pero seguir hasta cortarle la cabeza con su propia espada es un acto de persistencia.

Cuando David vio caer al gigante no hizo una fiesta de celebración ni hizo una extrema algarabía por su éxito. El tenía una meta y su objetivo estaba bien definido. Su meta no era derribar al gigante, su meta era matarlo y exhibir su cuerpo, tal como le había dicho a Goliat: «Yo te venceré, y te cortaré la cabeza, y daré hoy los cuerpos de los filisteos a las aves del cielo y a las bestias de la tierra; y toda la tierra sabrá que hay Dios en Israel». Por eso David no descansó hasta no concluir con todo el proceso. Un gigante en el suelo no es lo mismo que un gigante muerto.

La persistencia es una herramienta de la que todos

podríamos carecer en algún momento. Persistir en algo no es fácil, pues la prueba de que hemos persistido en algo se muestra cuando en medio de todo pronóstico negativo o victoria prematura, decidimos continuar y llegar hasta el final.

Cuando vamos subiendo una cuesta, es lógico pensar que el lugar para nosotros mostrar si somos persistentes, no es la falda de la montaña, sino la cima. De igual manera, en la vida tendremos muchos momentos donde vamos a querer abandonar y dejar todo atrás, ya sea porque nos cansamos, porque estamos satisfechos o por la presión del grupo. Sea cual sea la razón, podríamos dejar de persistir en nuestro propósito.

Persistir hace que las personas vean el resultado de sus esfuerzos. Una persona que no lleva a término un sembradío nunca verá los frutos de su cosecha. A las personas que no piensan a largo plazo les cuesta persistir en cualquier plan. Cualquiera gana una pelea, pero ser campeón es asunto de persistencia.

Cualquiera gana una pelea, pero ser campeón es asunto de persistencia.

Cuando Mike Tyson empezó su carrera de boxeador tuvo algunos problemas por derribar a sus oponentes en el primer *round*. Ganó consistentemente casi todas sus peleas y era el hombre del momento. Nadie podía enfrentarlo y salir ileso. Pasó el tiempo y le llegó la necesidad de demostrar que podía mantenerse en la carrera. Fue entonces cuando descubrió que ser un peso pesado es más que golpear fuerte. Para ser campeón de los pesados se requiere de persistencia. En los años 2000 Tyson se enfrentó a Holyfield, un boxeador mucho más viejo que él, pero que sí había dado muestras de ser persistente en la carrera. Holyfield se preparó y fue al *ring* para romper todas las expectativas de Tyson y del público asistente, que pensaba que estaba muy viejo para enfrentar la fuerza y la juventud de su contrincante. Tyson no sólo perdió la pelea, sino que su nivel de frustración fue tal que le propinó a Holyfield la histórica mordida en la oreja, lo que resaltó de forma evidente la impotencia que lo agobiaba al no poder derribarlo.

Lo importante en la vida no es el lugar donde usted se encuentras ahora, lo importante es saber y estar seguro a dónde quiere llegar.

Para persistir y mantenerse constante hasta llegar hacia donde se quiere ir, se necesita desarrollar los siguientes valores y capacidades:

Nº. 1 - Visión a largo plazo.

Es muy normal que las personas quieran cosechar frutos que aún no han nacido. Los frutos de cualquier especie toman su tiempo, y de hecho, hay frutos que debido a que no se dan, hay que volver a sembrar la semilla en la tierra.

El hecho de que un negocio no funcione en una oportunidad

no significa que no funcionará nunca. Las cosas cambian con el tiempo. Lo que hoy parece un fracaso, mañana puede ser una enorme oportunidad de éxito. Sólo logran ver los frutos de su esfuerzo los que permanecen hasta el final.

Si usted inicia un proyecto y sólo lo concibe desde el punto de vista del beneficio inmediato, deberá sembrar legumbres; pero si quiere algo que le produzca frutos para toda la vida, deberá sembrar árboles frutales que a propósito se toman un enorme tiempo en crecer y producir.

Todo gran proyecto requiere que tengamos una visión a largo plazo de él.

Todo gran proyecto requiere que tengamos una visión a largo plazo de él. Es por ello que cuando usted recibe una nueva oportunidad en la vida deberá verla en función de los años, no en función de días. Mi fórmula para calcular si un negocio es bueno para mí o no, es pensar en lo siguiente: Si yo hiciera todo lo que tengo que hacer y las cosas salieran excelentemente bien, ¿cuál sería la suma máxima que tendría al cabo de 10 años de trabajo?

La trampa de la vida es pasarnos el tiempo haciendo cosas nuevas cada dos años. La vida se nos consume de año en año, y al final de la jornada no logramos nada importante. La voluntad de nuestro Dios es que permanezcamos como árbol plantado a la orilla del río que da su fruto a su tiempo y su hoja nunca cae. *(Salmos 1)* No espere dar frutos a destiempo, los frutos fuera de su tiempo saben bastante mal y carecen de los nutrientes necesarios.

Cuando vamos a la universidad nos toma cuatro años hacer la licenciatura. Es a partir de ahí cuando empezamos a hacer pininos para luego producir pírricos resultados y luego de dos o tres años de ejercicio profesional, es cuando empezamos a ver resultados importantes. Estamos hablando de un mínimo de 6 años. Sin embargo, cuando empezamos en un negocio o un proyecto nuevo queremos ver resultados de inmediato, lo cual no es algo lógico. En la universidad tenemos que pagar, y aunque un profesor nos haga reprobar la materia varias veces, seguimos adelante hasta poder pasar la prueba. Eso no nos hace desistir.

David tuvo una visión de victoria frente a la batalla con Goliat y los filisteos y promovió su visión en medio del ejército de Israel, del rey Saúl y de sus hermanos. Su visión era cortarle la cabeza al gigante, glorificar a Dios y recibir la recompensa. Por eso dijo a Goliat con toda seguridad, Jehová te entregará en mis manos y yo te venceré. A través de su victoria, David veía todas las victorias que vendrían más adelante para el pueblo.

Sea una empresa, una iglesia o su matrimonio, es vital en la persistencia ver las cosas a largo plazo, lo cual nos ayuda a no desesperarnos en momentos de angustia y dificultad.

Nº 2 - Capacidad para asimilar golpes.

No es posible ser un gran combatiente si no sabemos cuál es nuestra reacción ante un golpe. Las reacciones pueden ser varias: caer tendidos en el piso, abandonar o asimilarlos y seguir adelante. El conteo del *ring* es de diez y esto está establecido así por algo. Muchos boxeadores en el conteo número nueve se han levando y han vencido a sus contrarios. Eso también quiere decir que tenemos derecho a caer en el piso y a estar tendidos un tiempo. No somos de hierro, tenemos derecho a caer y a reposar por unos segundos, que para los fines parecen una eternidad. Allí nos reponemos y no queremos levantarnos, pues nos van a dar otra vez.

¿Qué impulsa a los boxeadores a levantarse sabiendo que el contrario irá de nuevo a golpearlo con más furia? Su capacidad para asimilar golpes. Ellos se levantan, esperan y resisten hasta que suene la campana; mientras tanto, se mantienen conscientes de que perder un *round* no es perder la pelea.

Me gusta ver las pasadas peleas de Muhammad Ali. El tenía una capacidad extraordinaria para recibir golpes y hacer que su contrario se cansara. En una ocasión estuvo peleando durante más de diez rounds con la mandíbula rota. Eso lo convirtió en un campeón mundial. Asimilar golpes le hace tan buen peleador como golpear fuerte.

Si queremos persistir debemos aprender a asimilar golpes. Esos golpes vendrán de distintas vías; algunos serán tan fuertes que no querremos levantarnos, pero hay que sacar desde lo más profundo la última energía para continuar de pie. Si usted se encuentra así, tirado en el suelo, Dios quiere que se levante y que se ponga en marcha.

Nº 3 - Oídos cerrados a las críticas.

Cuando David preguntó qué le darían a aquel que matara al gigante, se corrió la voz de sus intenciones y de inmediato vino la crítica. Pero ¿quiénes la iniciaron? Los primeros que siempre comienzan a criticar: las personas más cercanas. En este caso sus hermanos vinieron a él y uno de ellos le dijo: «¿Para qué has descendido acá? ¿Y a quién has dejado aquellas pocas ovejas en el desierto?». *(1 Samuel 17:28)* Esta era una forma de decirle, «No haces nada aquí, mejor vete a atender tus ovejitas». El comentario que el hermano mayor de David le hizo, era bastante denigrante. Este comentario bien pudiera significar: «Nosotros somos los más grandes de la casa y no nos hemos metido en ese lío, y tú que eres un enano que cuida ovejitas, ¿te atreves a avergonzarnos?» Si quiere ser un vencedor de gigantes deberá buscar sus orejeras y taparse los oídos.

En una ocasión, iban dos hormigas cargando un insecto mucho más grande que ellas, y un niño que las estaba observando, preguntó a su padre, cómo era posible que las hormigas hicieran esto. El padre le respondió: «Supongo que lo hacen porque no han escuchado las criticas de las demás o no se han detenido a pensarlo». Nunca acepte las críticas de los demás como algo que le pueda detener. El

97% de las personas no hacen nada en la vida y sólo se dedican a criticar el 3% que intenta hacer algo.

Nº 4 - Estar claro en lo que se persigue.

Una de las razones por la que la gente desiste de lograr su meta es porque no tiene el suficiente valor para defender lo que quiere. Si usted no sabe lo que quiere o no está suficientemente convencido de ello, es difícil que persista, pues sus pasos cambiarán como las olas del mar, según las circunstancias.

Trate por todos los medios de que una vez que usted descubra lo que quiere lograr con exactitud, nadie lo cambie. Todos tratarán de hacerlo, pero usted debe mantenerse firme en sus convicciones. Siempre que esté totalmente convencido de que lo que desea hacer es lo indicado y no es ofensivo ante Dios y la sociedad, usted debe persistir para lograrlo. Notará con el tiempo que ellos han cambiado de opinión, y aquellos que hoy le dicen que lo que usted está haciendo está mal, serán los primeros que al pasar los años le van a aplaudir por lo que usted pudo lograr. No deje que las personas le hagan cambiar sus ideas, ellos a la larga no saben lo que quieren.

Desde el restaurant hasta la casa, todos tratan de trazarnos pautas de las cosas que nos convienen y que debemos elegir. La vida se trata del poder de influencia que podemos desarrollar sobre los demás.

David tuvo una claridad de su objetivo y esto le hizo

persistir. Su persistencia fue demostrada cuando vio al gigante caer y siguió corriendo hacia este hasta quitarle la espada. David tuvo que emplear su fuerza para quitarle la espada porque aunque el gigante estaba tirado en el suelo, aún no estaba muerto.

LA PRESIÓN SOCIAL

Una razón para no avanzar hacia la persistencia es el hecho de sentirse presionado por los demás. Esta presión puede ser en dos direcciones: en primer lugar, cuando no tenemos resultados en el tiempo que los demás esperan, lo cual es muy común, ya que las personas empiezan a presionarnos para que cambiemos nuestra dirección o ruta hacia algo que produzca frutos con mayor rapidez; aquellos que no están muy claros en sus convicciones, terminan desistiendo de sus metas. En segundo lugar, está la presión de que celebremos antes de tiempo. Este es un tipo de presión muy peligrosa y más adelante veremos por qué.

Una razón para no avanzar hacia la persistencia es el hecho de sentirse presionado por los demás.

En el año 2009 un grupo de expertos franceses hizo un

experimento llamado el juego de la muerte, para estudiar la autoridad de la televisión y su influencia sobre la obediencia. Ellos tomaron un conjunto de personas y los entrenaron para recrear un estudio de televisión.

El juego consistía en un talk show donde se hacían preguntas a dos participantes y aquel que contestaba mal, recibía una descarga eléctrica la cual iba aumentando según la cantidad de respuestas malas que acumulaba. Los entrevistadores (quienes eran el objeto del experimento) recibían la ovación del público para que siguieran dando descargas eléctricas al concursante. Mientras los participantes sufrían con las fuertes descargas eléctricas dando gritos de desesperación, el público ovacionaba al que tenía el botón y pedía que continuara dando las descargas, ya que al final el ganador recibiría un premio.

La tarea del entrevistador era presionar al participante de distintas maneras y aplicar las descargas. Detrás de la cabina, sólo se escuchaban los gritos del participante. La última descarga que quedaba podía matar a la persona y el público pedía al entrevistador que la diera. Las descargas llegaban hasta 460 voltios. A quien le tocó estar en la cabina se encontraba llorando pues estaba entre la vida y la muerte. Si el presentador acataba la presión del público de apretar el botón, quien estuviera en la cabina moriría.

Este estudio revelaba lo vulnerable que son las personas a las presiones externas. Sólo un 5% de los entrevistadores que participaron en el experimento se negó a apretar el botón por sus propias convicciones.

Las personas persistentes saben lo que quieren y saben que el público común opina pero no sabe nada. En realidad lo de las descargas en el juego de la muerte era un montaje y no había tal castigo. Los gritos de dolor habían sido grabados con anticipación y la cabina con el falso concursante se encontraba fuera de la vista del sujeto del experimento.

Este programa sirvió para medir las reacciones de los concursantes que hacían de entrevistadores y la del público que igualmente creía ser un público de un episodio real. Esto nos demuestra la gran vulnerabilidad de las personas sobre las influencias. Esas mismas personas vulnerables son las que tratan de influir sobre usted cuando ya tiene una decisión tomada.

LA CELEBRACIÓN EN EL CAMINO

Cuando vamos alcanzando algún tipo de éxito, es muy común que algunos se sienten a disfrutar y a darse el gusto que entienden merecen por los logros alcanzados. Disfrutar de nuestros logros no tiene nada de malo, de hecho es bueno hacerlo, sobre todo en compañía de nuestros seres amados.

No es bueno concentrarse sólo en los logros del futuro. Basar toda nuestra felicidad en lo que vamos a lograr en el futuro es un desafío a los propósitos de Dios en nuestra vida y nos podría pasar como aquel hombre que derribó sus graneros pensando en edificar graneros más grandes, y el Señor le dijo: «Necio, esta noche vienen a pedirte tu alma». *(Lucas 12:20)* Sin embargo, celebrar en demasía después de una ligera victoria nos puede hacer perder la perspectiva y nos puede llevar a disfrutar de un triunfo que no esté asegurado del todo.

En mi país, República Dominicana, miles de jóvenes se dedican al *baseball*. De hecho, podría decirse que somos el segundo mayor productor de jugadores para las grandes ligas, después de Estados Unidos. Personalidades como David Ortiz, Robinson Canó, Albert Pujols, Pedro Martínez, Manny Ramírez, Vladimir Guerrero, Moisés Alou, Juan Marichal, Samuel Sosa, Miguel Tejada, José Bautista, Alex Rodríguez, son de los jugadores que ha producido la República, entre otros que no he mencionado en esta escueta lista por razones de espacio. Sin embargo, por cada uno de ellos, hay miles que nunca pueden llegar a jugar profesionalmente. La razón fundamental no es la falta de talento ni la falta de esfuerzo, es simplemente la falta de persistencia. Ocurre que muchos de estos jóvenes son reclutados por los equipos con bonos de hasta 3 millones de dólares. Cuando un joven de 16 años recibe esta cantidad de dinero, es muy fácil que se detenga a celebrar

...no es la falta de talento ni la falta de esfuerzo, es simplemente la falta de persistencia.

en el camino. La presión de los grupos sociales que rodean jovencitos como estos, que vienen de familias de escasos recursos económicos, con mucha facilidad le quita toda la inspiración de seguir practicando y esforzándose. Hay cientos de casos en los cuales estos muchachos terminan sus carreras sin subir a las ligas mayores, sólo por la presión social que los incita a celebrar antes de tiempo.

Para David era muy tentador dar un grito de júbilo y empezar a celebrar la caída de Goliat. El pueblo al ver la caída del gigante, desde luego que echó un grito de victoria. Estaba disfrutando el triunfo de David. 1er Samuel capítulo 18, versos 6 y 7 dice que las mujeres salieron de todas las ciudades de Israel cantando y danzando, y que cantaban «Saúl hirió a sus miles y David a sus diez miles». ¿No es esto una provocación para unirse a la gran celebración? Sin embargo, David comprendió que vencer completamente a un gigante no era sólo cuestión de derribarlo.

Muchas personas derriban los gigantes y luego estos se ponen de pie y ganan la pelea.

Muchas personas derriban a los gigantes y luego éstos se ponen de pie y ganan la pelea. Por eso las celebraciones a destiempo pueden distraernos de lo principal, pueden distraernos de la meta. Las celebraciones se hacen cuando estamos completamente sobre la victoria, cuando ya hemos logrado poner de forma concreta el triunfo. Mientras esto no ha sucedido, hay que mantenerse en pie de lucha.

EL TEMOR DE ARRIESGARSE HASTA EL FINAL

Para David, la victoria debería ser concluyente; nada quedaría en duda. El estaba seguro de que el mismo que le dio la fe y la fuerza para vencer, le acompañaría hasta el final de la jornada. Por eso no tuvo miedo en acercársele al gigante, sino que de manera determinada y precisa, fue y le cortó la cabeza.

Muchas personas temen llegar hasta el final, prefieren quedarse con un triunfo a medias antes que arriesgarse. La mediocridad es algo parecido a eso, a quedarnos haciendo lo básico por temor a fracasar en el camino. Imagínese si esa misma sensación hubiese acompañado a David cuando decidió enfrentar al gigante. Cientos de pensamientos hubiesen llegado a su cabeza: ¿Y si se para de nuevo? ¡Cuidado si se está haciendo el herido! ¿Con qué espada lo voy a matar si sólo tengo una honda? Todos esos pensamientos pudieron haber estado en la mente de David, sin embargo, el optó por persistir, lo cual es luchar contra el miedo.

Todos hemos tenido metas; de esas, en ocasiones hemos logrado el 90%, pero aún falta el 10% que completa el 100%. Mientras no logramos ese restante, lamentablemente ante Dios y ante el mundo no hemos concluido. Llegar al 97% es bueno, pero precisamente los triunfadores sólo son un 3% que se atreven a arriesgarse para lograr el 100%, incluso a ir más allá. Don Manuel Arsenio Ureña, otro de los grandes empresarios de la República Dominicana decía: «Uno no puede "arriesgar la faja" todos los días, como se usa decir en la lucha libre, pero el que no está dispuesto a arriesgar, difícilmente podrá crecer y hacer buenos negocios».

Se cuenta de un hombre que compró una finca para buscar oro. Tardó varios años buscando el preciado metal, pero un día se cansó. Al analizar tu trayectoria dijo: «¿Y si pierdo todo mi dinero y mi tiempo buscando oro y no encuentro nada? Si continúo, voy a perder mi dinero y mi tiempo». Entonces el hombre desistió y vendió la finca al primer postor por una pírrica suma de dinero, vendiendo además las maquinarias que había utilizado en el tortuoso y desafortunado proceso de búsqueda. El comprador tomó la decisión de seguir intentando conseguir oro, y al cabo de unos pocos metros de profundidad, encontró fracciones de oro. Siguió cavando y encontró lo suficiente como para hacerse rico y ganar más de trescientas veces el valor de su inversión.

...muchas veces otros se benefician del esfuerzo de aquel que no persiste.

La lección de esta historia es que muchas veces otros se benefician del esfuerzo de aquel que no persiste.

Muchas personas tienen problemas con un negocio

porque en una oportunidad no les fue bien, y en lugar de persistir en el negocio que conocen, donde han cometido y corregido errores, deciden destruirlo y empezar otro de cero. Al hacer esto, están confirmando que no saben el valor de la persistencia, pues en cualquier negocio que emprendamos sin conocerlo, tendremos una curva de aprendizaje, adaptación y productividad que bajo toda circunstancia hay que cumplir, de lo contrario, no podríamos seguir adelante.

José Luis Corripio —Pepín—, afirma lo siguiente: «Hay mucha gente que cree que el triunfo en la vida depende de la suerte. Yo no comparto totalmente ese criterio, aunque sí estoy de acuerdo de que en la vida se recibe más de lo que se merece, pero lo cierto es que si existe la suerte mi primer consejo es que sepan que la suerte suele pasar por la casa de uno a las cinco de la madrugada y todo el que esté durmiendo es posible que la suerte le pase de largo. Nadie debe sentirse culpable de que la suerte no llegue a su vida, por tanto, hay que seguir remando y remando, esperando que algún día llegue el viento favorable, y si este no llega, no importa, pues siempre se avanza remando». *(Listín Diario, 2012)*

EL CANSANCIO VS. LA PERSISTENCIA

La mayoría de los seres humanos sentimos que damos mucho y recibimos poco. Si usted le pregunta a una persona que ha sido despedida de su empleo acerca de la razón, se dará cuenta de que para él su despido ha sido injusto. Muy pocas personas están dispuestas a asumir su cuota de responsabilidad y a admitir que lo merecían. Encontrará a pocos que digan: «Ellos tenía la razón, yo sólo estaba dando un 90% cuando en realidad debía dar un 100%».

Generalmente las personas entendemos que lo que estamos dando es suficiente y que incluso merecemos un aumento por ello, pero como los accionistas son unos mezquinos, nunca reconocen el esfuerzo que hace su gente.

Muchos no logran persistir en lo que se proponen debido a que el cansancio los sobrecoge.

Esa sensación de dar lo suficiente nos hace seres llenos de cansancio que con mucha facilidad dejamos de hacer lo que tenemos que hacer. Muchos no logran persistir en lo que se proponen debido a que el cansancio los sobrecoge. La razón fundamental de esto es que sus límites son muy bajos, pues están establecidos en base a los estándares de lo básico y de lo necesario. Por ejemplo, a los estudiantes en las escuelas y universidades se les enseña que un 70% en calificación es suficiente para no reprobar, así que cuando sacan un 80% se sienten cómodos, y los que aprueban con un 97% se sienten extraordinarios.

Para vencer aun gigante un 97% no es suficiente. Hay

que dar el 200% porque se trata de dar la milla extra, que significa el doble de lo recorrido, y para ello deberá luchar contra el cansancio.

Cansarnos de tanto trabajo, de tanta insistencia sobre lo mismo, es algo natural. El descanso para el ser humano es necesario, pero la persistencia no es para seres normales, es para personas superiores que ignoran el cansancio mental aun cuando es real, razonable y justo. La persistencia es para aquellos humanos que en algún sentido han decidido actuar como seres superiores. La persistencia es el desafío a la razón, a lo humano, a lo común. Cuando persistimos sobre algo, llegamos al punto de someter al cansancio y hacerlo parte de nuestra vida; el cansancio se convierte en nuestro compañero de viaje y nuestro mejor amigo. ¿Cree usted que los corredores de maratones no se cansan? Sin embargo, persisten en su carrera hasta llegar a la meta.

¿Cree usted que los corredores de maratones no se cansan? Sin embargo, persisten en su carrera hasta llegar a la meta.

Todos los días habrá razones aceptables para desistir de algo, pero la persistencia es todo lo contrario a desistir. En 2da Timoteo 3:14 el apóstol Pablo exhorta a Timoteo a lo siguiente: «Pero persiste tú en lo que has aprendido y te persuadiste, sabiendo de quién has aprendido».

Te invito a ignorar el cansancio y continuar hacia adelante, pues al final del camino, encontrarás el agua que tanto anhelas hoy. Don Manuel Arsenio Ureña, también decía que construir una empresa exitosa es un trabajo arduo. «En este proceso que les cuento, mi esposa Camelia y yo no descansamos, y tampoco nuestros hijos. Todavía hoy en día descansamos lo mínimo. El trabajo incansable no tiene sustituto en el camino del éxito empresarial.» *(Cátedra de Liderazgo Empresarial, 2006)*

Para David, la persistencia quedó demostrada cuando tomó la cabeza del gigante en su mano y concluyó de forma evidente e incuestionable la difícil tarea encomendada. Nunca desista usted después que tiene la mitad del camino recorrido. Normalmente, la segunda mitad parece más lejos y más difícil, pero sigue siendo la misma distancia, sólo que se requiere de mayor preparación para enfrentar los retos. Mil veces le pasará por la cabeza la necesidad, la urgencia de dejarlo todo, sin embargo, le animo a que nunca desists de lo que ya inició.

SIN PERSISTENCIA LOS LOGROS SE DESVANECEN

David actuó con la persistencia que le caracterizó. Con esta actitud pudo consolidar su liderazgo como guerrero. Cuando el rey Saúl volvió, quiso jugar con David para no entregarle lo que había prometido. En realidad Saúl estaba celoso de David, debido a que el pueblo ovacionaba y aplaudía su hazaña. Así que trató de tenderle una trampa para que los filisteos lo mataran. Le pidió que trajera los prepucios de los filisteos y David le trajo los prepucios que le pidió: «Y Saúl dijo: Decid así a David: El rey no desea la dote, sino cien prepucios de filisteos, para que sea tomada venganza de los enemigos del rey. Pero Saúl pensaba hacer caer a David en manos de los filisteos. Cuando sus siervos declararon a David estas palabras, pareció bien la cosa a los ojos de David, para ser yerno del rey. Y antes que el plazo se cumpliese, se levantó David y se fue con su gente, y mató a doscientos hombres de los filisteos; y trajo David los prepucios de ellos y los entregó todos al rey, a fin de hacerse yerno del rey. Y Saúl le dio su hija Mical por mujer». *(1 Samuel 18:25-27)*

La persistencia requiere de un gran esfuerzo.

Finalmente a Saúl no le quedó más remedio que cumplirle a David. Trató por todas las formas de librarse de él, pero la persistencia de David se lo impidió.

La persistencia requiere de un gran esfuerzo. Como hemos dicho, implica la realización de un deseo a largo plazo. Ella hace que lo que concebimos como deseo se convierta en algo real. Al persistir usted se mantendrá intentándolo hasta lograrlo a pesar de los obstáculos.

John Calvin Coolidge tenía una convicción acerca de la persistencia. Llegó a ser el trigésimo presidente de los Estados Unidos de América en el año 1923 cuando siendo vicepresidente heredó la posición tras el repentino fallecimiento de Warren Gamaliel Harding, y debido a su integridad y mano firme para acabar con la corrupción, fue reelecto para un segundo mandato en 1924. *(Herráiz García)* Una de sus frases más conocidas es: «Nada en el mundo reemplaza la persistencia. El talento no, pues nada es más común que fracasados con gran talento. El genio no, ya que la falta de reconocimiento a la genialidad es casi proverbial. La educación no, puesto que el mundo está lleno de personas vagabundas sobre educadas. La persistencia y la determinación parecen siempre prevalecer, pues son omnipotentes».

Félix Sánchez es un velocista dominicano que ha hecho historia. Ganó en el 2012 su segunda medalla de oro en los 400 metros con vallas en los Juegos Olímpicos, a pesar de ser el corredor más viejo en ganar en esa competición. Conocido como el Súper Sánchez, es el 4to campeón mundial en ganar dos veces medallas de oro en los 400 metros con vallas. *(Agencias, 2012)* Cuando se le preguntó a Félix a qué atribuía sus logros, no dudó en contestar: «A la ayuda de Dios y a la perseverancia». Para él sus logros no tienen más explicación, pues aunque había estado invicto en su carrera, una lesión en la pierna izquierda provocó que perdiera su racha de victorias continuas. Esto le hizo salir de los medios por un tiempo, pero luego regresó y a pesar de ser el más chiquito y viejito —como él mismo atestigua— ganó la medalla de oro.

La persistencia está muy ligada a la diligencia y la diligencia es contraria a la pereza. Implica hasta qué punto hacemos los trámites que debemos hacer para lograr lo que nos hemos propuesto. Una diligencia no se logra si uno no está dispuesto a moverse, así que para persistir y lograr nuestros sueños y metas, debemos ponernos en movimiento. Usted puede quedar un tiempo pasivo planificando lo que va a hacer, pero tarde o temprano tendrá que moverse. Eso fue lo que llevó a David a la victoria.

A modo de conclusión

Como hablamos al inicio de este libro, si usted no vence a un gigante en su vida, difícilmente sea reconocido como un ser humano por encima del promedio.

Todos somos desafiados a avanzar, a luchar y a seguir adelante. Abraham Lincoln decía: «El éxito es ir de fracaso en fracaso sin perder el entusiasmo». Si usted analiza bien esta frase, entenderá que para triunfar en la vida, tendrá que tener algunos fracasos.

La razón por la que una persona no se arriesga a vencer a un gigante es por el temor al fracaso. Si usted no se arriesga a fracasar, no podrá vencer no sólo a un gigante, sino que no podrá vencer nada. Vince Lombardi decía: «Yo nunca perdí un juego; simplemente se me acabó el tiempo para ganarlo». Esta es la actitud de un vencedor de gigantes, no ve los fracasos como tales, sino que los ve como una oportunidad para aprender y seguir adelante en busca del triunfo.

Vencer a un gigante tiene mucho que ver con hacer algo que la mayoría de la gente no está dispuesta a hacer. Cuando usted hace ese tipo de hazaña gana respeto y reconocimiento. Eso fue lo que ganó David. En primer lugar, ganó el respeto de un ejército. Me imagino la avalancha de personas sobre él, cargándolo en los hombros; me imagino el rostro de sus hermanos al ver el gigante caer; imagino la ovación y el temor del ejército enemigo. Todo esto era demasiado para un joven que viene de cuidar ovejas. David no logró esto por sus propias fuerzas; hubo siete armaduras que le ayudaron a lograr la victoria sobre Goliat.

Albert Einstein decía que hay una fuerza motriz más poderosa que el vapor, la electricidad y la energía atómica: la voluntad. Desde nuestra óptica, esta voluntad es una manifestación de la fe y la fe es la fuerza que la alimenta. Debido a que la fe es la certeza de lo que se espera y la convicción de lo que no se ve, produce en nosotros una fuerza interior para enfrentar a los gigantes.

Gigante es todo aquello que nos enfrenta y nos humilla. Gigantes son las cosas de la vida que consideramos imposibles de lograr. Al vencer a un gigante, usted se ubica en el mapa. Bruce Lee decía: «En el centro de las dificultades estriba la oportunidad». Detrás de vencer a un gigante, hay una oportunidad de trascendencia.

Vencer a un gigante no es para todo el mundo; usted necesitará planificar. Sin planificación, sus resultados serán muy escasos y difusos. Eso fue lo que hizo David, el planificó su ataque al gigante. La planificación es parte de un vencedor, si no hay planificación nunca podremos aprovechar nuestro potencial. Sin embargo, la planificación vale poco si no hay determinación con la cual enfrentar la meta. Es la clave para lograrla.

La razón número uno del fracaso de los seres humanos es no asumir sus retos con determinación. La mayoría de las personas toman decisiones, y de hecho muchas de esas decisiones son muy buenas, están perfectamente planificadas y tienen todo el potencial para ser cumplidas;

no obstante, por falta de determinación las mismas no son llevadas a cabo.

En los últimos años me he dedicado a estudiar el comportamiento y el pensamiento de hombres exitosos tanto de mi país como de otros lugares y me he dado cuenta de que los hombres de éxito, todo lo toman muy en serio. No importa cuán minúsculo sea el detalle que tienen en sus manos, en todo momento lo asumen como algo muy importante. Eso es una muestra de determinación, porque la determinación requiere compromiso y disciplina. Nuestra determinación es algo que demostramos cada día al enfrentar los fracasos.

Soichiro Honda, el fundador de Honda, C.X.A. escribió lo siguiente: «Realmente el éxito representa el 1% de su trabajo que resulta del 99% que se llama fracaso». La determinación es entender eso todo los días. No importa cuán feo sea el gigante que está del otro lado, no deje que lo intimide. La intimidación es la herramienta número uno de un gigante, ellos vencen más con su apariencia, con su fea cara, que con su fuerza. Pero el que se ha determinado a algo, no tiene miedo. La determinación no ve lo imposible. Napoleón decía: «Lo imposible es el fantasma de los tímidos y el refugio de los cobardes».

Es lógico pensar que no somos de hierro y es por ello que usted necesitará orar y saber que Dios está a su lado. Aun en los momentos más difíciles de su vida, su compañía será real. Por eso debe mantener una actitud de alabanza a Dios. Diga cada vez que pueda: «Tú estás ahí como poderoso gigante a mi lado. Tú tienes el control. Ningún arma forjada contra mi prosperará». *(Véase Isaías 54:17)* Repita cada día: «Vendrá el enemigo como río, mas el Espíritu de Jehová levantará bandera contra él». *(Isaías 59:19)*

Es muy fácil hacerse la víctima y sentir que las cosas sólo nos pasan a nosotros, pero el victimismo no nos lleva a ninguna parte. El victimismo es un gigante que descalifica, aplasta y roba la energía; es una estrategia de protagonismo muy equivocada. Al victimizarnos descuidamos nuestras responsabilidades o las traspasamos a los demás. Eso trae como consecuencia constantes quejas y sentimientos de fracaso y nos convierte en personas vacilantes. El escritor estadounidense Stedman Graham dice lo siguiente: «Los que se consideran a sí mismos víctimas de sus circunstancias, siempre permanecerán como tales a menos que desarrollen una mayor visión para sus vidas».

Al vencer al gigante, a usted ya no le llamarán por su nombre, le llamarán de otra forma, porque Dios derrama su unción sobre aquellos que solicitan su presencia para vencer a los gigantes. Esa unción que viene de Dios nos da la autoridad y nos permite disfrutar las bendiciones que vienen luego de la victoria. A David lo nombraron como aquel que mató a sus diez miles. Esto le costó muchos momentos de angustias debido a los celos de Saúl, pero es lo que pasa cuando se vencen a gigantes. La gente le señala a usted en la vida por sus hechos, no por sus palabras.

Al aplicar estas armaduras a su vida, en todas las áreas en que usted se desenvuelva, logrará resultados superiores. Dejará de comportarse como el estándar de las personas, dejará de ser promedio, y en lugar de luchar contra los límites inferiores, luchará contra los límites superiores. Ya no querrá el horario más cómodo ni las tareas más fáciles, porque de ser así, siempre será un ser diminuto. Ahora usted se desafiará a sí mismo y luchará por las tareas más complejas, desafiando el peligro, el cansancio y el esfuerzo. Ahora querrá ser un vencedor de gigantes.

Para lograr los objetivos trazados, se necesita además de persistencia. A veces querrá lo que ha logrado, pero el relato de David nos enseña que todo tiene su tiempo, aun para disfrutar lo alcanzado. No rendirse le tomara más esfuerzo que empezar, porque llega un momento en donde las cosas duelen, y si no está listo para resistir el dolor, las críticas y la presión de los demás, entonces va a desistir. Si usted no aprende a vivir con el dolor y el temor, no podrá ser persistente, lo que quiere decir, que tampoco podrá vencer a un gigante.

Le desafío a vencer a un gigante y verá que su vida jamás será igual. Escriba un libro, establezca un record, escale una montaña, inicie un proyecto, emprenda un negocio y sosténgalo, gane una carrera, finalice sus estudios, rompa con la idea de quebrantar el compromiso del matrimonio, termine con la infidelidad, rompa con la pereza, haga algo que su familia nunca haya hecho, y verá como las personas empiezan a respetarlo. En fin, cualquier hazaña con la que se gane el respeto de su entorno, será un indicador de que usted ha vencido a un gigante. En principio no le van a hacer mucho caso, pero luego que mate al gigante, todo el mundo querrá ser su amigo. ¡Adelante! No se desanime.

Como manifiesto en cada una de mis publicaciones,

agradeceré mucho su comentario sobre este material. Para mí es de gran estimulación y edificación recibir su opinión y la retroalimentación de lo que ha producido en su vida.

Puede escribirme a:

dioastacio@yahoo.com y a evelynastacio@yahoo.com.

También puede hacerlo vía Twitter a: @dioastacio y por Facebook: pastordiastacio y dioastacio. Créame que seré muy bendecido.

Acerca del autor

Dío Astacio es pastor, escritor, conferencista y motivador de la República Dominicana. Ha sido orador de importantes corporaciones nacionales e internacionales. Su ministerio como pastor fue consolidado en el año 2000, cuando fue constituido como ministro titular de la Iglesia El Encuentro de la Alianza Cristiana y Misionera, concilio cristiano al que pertenece desde hace dos décadas.

Su experiencia en marketing, ventas y negocios, viene como consecuencia de los cargos ocupados como VP y Director de negocios en reconocidas empresas de su país, sobre todo en el área de seguros, telecomunicaciones y banca, además de sus estudios. Es graduado de licenciatura en Ciencias Jurídicas y del programa MBA de la Universidad de Québec en Montreal, Canadá con la UNAPEC de Santo Domingo. Además posee un Máster en Gerencia de Marketing. También fue catedrático del programa de Postgrados y Maestrías de Mercadeo de la universidad APEC durante los años 2001-2002.

En el año 2011 desarrolló su programa para parejas El Show del Amor, junto al reconocido humorista Felipe Polanco (Boruga), y el Taller del Amor, seminario de pactos, a fin de contribuir al fortalecimiento de los matrimonios. A partir del 2012 inició El Show del Amor, radio. Sus estudios de teología están avalados por la Facultad Latinoamericana de Estudios Teológicos (FLET) y actualmente concluye su postgrado en la Facultad Teológica Latinoamericana (FATELA).

Es autor de los libros: *Éxito Integral* y *Las 7 cicatrices del líder*; además de varios audio libros, de los cuales se conocen: *Levántate; El salto del tiguere; Dando la milla extra; El Show del Amor: conferencia para parejas; SOS para matrimonios; Los 7 fundamentos del matrimonio; y Las 7 armaduras de un vencedor de gigantes: conferencia en audio.*

El pastor Dío Astacio toma los temas teológicos y hace la aplicación de estas enseñanzas al mundo contemporáneo, fortaleciendo los valores de la familia, las responsabilidades de las parejas y las aspiraciones de los seres humanos.

Lleva más de 15 años de casado con la señora Evelyn García con quien ha procreado sus tres hijas: Melody, Daniela y Camila.

Bibliografía

Agencias. (6 de agosto de 2012). *Félix Sánchez gana oro en Juegos Olímpicos de Londres.* Recuperado el 5 de abril de 2013, de El Portal: http://www.elportal.com.do/index.php/deportes/item/484-félix-sánchez-gana-oro-en-juegos-olímpicos-de-londres

Cátedra de Liderazgo Empresarial. (2006). *Cátedra de Liderazgo Empresarial.* Fundación Global Dominicana.

Chapman, G. (2004). *El matrimonio: pacto y compromiso.* Nashville, TN Estados Unidos: B&H Publishing Group.

El Nacional de Santo Domingo. (13 de octubre de 2001). ¿Soy rico/a o pobre? *El Nacional de Santo Domingo,* pág. Sección Opiniones.

Grupo Corripio. (2011). *Estrategias de Diversificación Empresarial. Grupo Corripio.* Santo Domingo, Rep. Dom.: Instituto Tecnológico de Santo Domingo (INTEC).

Herráiz García, C. (s.f.). *Coolidge, John Calvin (1872-1933).* Recuperado el 5 de abril de 2013, de MCN Biografías: http://www.mcnbiografias.com/app-bio/do/show?key=coolidge-john-calvin

Listín Diario. (6 de diciembre de 2012). Artículo relacionado a la conferencia dictada por Pepín Corripio Estrada en la vigésima tercera graduación de la Universidad del Caribe de Santo Domingo, R.D. *Listín Diario*, pág. Sección La República.

WordReference.com. (2013). *determinación.* Recuperado el 5 de april de 2013, de WordReference.com: http://www.wordreference.com/definicion/determinación